基督宗教的世界
Christianity

宗教的世界

4

布萊恩・威爾森 *Brian Wilson* 著

傅湘雯 譯

空中大學人文學系教授 劉仲容 導讀

總　序

　　今日的有識之士和學生，都需要對當前這個小而複雜的世界，建立整體性的認識。五十年前或許你還不把宗教當一回事。但是，今天我們既已更加精明老練，就當看出宗教和意識型態不單形成了文明，更直接影響到國際事務。因此，值此即將進入廿一世紀之際，這幾本小書針對主要宗教提供了簡明、平衡，極具知識性的導引性介紹，其中一冊還介紹了當前宗教景況的變遷。

　　在今日，我們期望的不只是博學多聞，更盼能由當前這許多南轅北轍且極度複雜的宗教生活與信仰中，得到啓迪。這幾本極具見解且易讀的宗教簡介書，便可以帶你探索各種傳承的豐富內涵——理解它們的歷史；它們的信仰和儀式，同時也抓住它們對現代世界的影響所及。這些書籍是由一組優秀且相當年輕的學者所寫成，他們代表了宗教學術領域裡新一代的作家。這些作者在放眼宗教的政治與歷史性影響之餘，也致力於以一種新鮮而有趣的方式來展現宗教的靈性層面。所以，不管你是只對某一信仰的描述性知識感興趣，還是有心探索其中的屬靈信息，都將會發現這些簡介極具價值。

　　這些書著重的是現代這個時期，因為所有宗教都不可避免地因著過去兩百多年的創傷性經驗，而產生了變化。殖民主義、工業化、國家主義、宗教復興、新宗教、世界戰爭、革命，和社會轉型，豈僅影響到了信仰，更從中擷取了宗教和反宗教的勢力來重塑我們的世界。在過去廿五年裡，現代科技——由波音七四七到全球網路——在在都讓我們這個地球顯得益形微小。就連月亮的魔力都難逃科技的捕捉。

我們也將在這些書裡遇見一些當代的人物，以為過去這幾百年裡諸多改變的實例。同時，每本書都對宗教的不同向度(其教導、經文、組織、禮儀，和經驗)提供了有價值的洞見。在觸及這些特色時，每冊書都設法為該做成全面包容性的介紹，以幫助你了解隸屬某一特定信仰所具的意義。正如一美國原住民的諺語所言：「未能設身處地經歷別人的經驗以前，別遽下斷語。」

　　為了幫助你做此探索之旅，書裡還包括了好些有用的參考輔助。每一本書都收納了一份編年表、地圖、字彙集、節慶表、加註的書單，和索引。精挑細選的圖片提供了宗教藝術、符號，和當前宗教儀式的範例。焦點方塊則更進一步的探索了信仰和某些藝術層面間的關係──不論是繪畫、雕刻、建築、文學、舞蹈或音樂。

　　我希望各位會覺得這些介紹既有意思且具啓發性。簡潔應是機智之魂：它也成為我們初試此一文化與靈性主題介紹時最為需要的。

加州大學比較宗教系教授
尼南・史馬特
Ninian Smart
1998年於聖塔芭芭拉

作者序

　　這是一本議論大題目的小書。基督宗教的傳承即將接近它第兩千次的週年紀念了。在這兩千年裡，它歷經了許許多多的交替與變異，形成了數十種團體與運動，全都掛名在基督教的名稱之下。因此，本書的內容不在盡數所有這些作基督徒的可能方式，而在致力於為讀者介紹基督宗教史的始末，以及造成這個傳承歧異且數世紀演變的自然機制。當然即使是要做到這一步，以這套小書簡短的篇幅而言，也難免意味著不得不做成許多難下的抉擇。好些相關的主題和特點都被迫得遺留給未來更精闢的研究。不過我還是深信，在讀過這本簡介性的小書以後，讀者們必將取得相當實用的基督宗教認識，能立於有利之地，可以繼續深入追求有關此一令人迷醉的宗教傳承的相關研究。

　　很多人都給了我許多的幫助，讓本書的預備工作得以順利進行，我要在此一一向他們致謝。首先，我要謝謝尼南·史馬特教授給我機會參與這套「世界宗教」叢書的撰寫工作。而且我也要謝謝米蘭尼克·懷特（Melanie White），凱南 & 金恩畫（Calmann & King）出版公司的這位委任編輯，在此一編輯計畫進行的各階段裡所付出的耐性與關注。我也要非常感謝西密西根大學比較宗教學系裡的一位同仁法蘭克·葛魯斯（Frank Gross）教授，葛魯斯教授對本書原始草稿的精闢指正，使我重新考量成書後的好些層面，對完稿後的內容極有助益。此外，我也由普林斯霍爾出版集團（Prentice Hall）所聘請的四位匿名審稿人處，得到了許多寶貴的意見。雖然我們對一些釋析性的議題看法不盡相同，但是他們精闢的批評仍有助於諸多內容的改善。最後，我還要謝謝查爾斯·

威爾森(Charles Wilson)和西伯爾·薛塔克(Cybelle Shattuck)的熱
心與鼓勵。

西密西根大學比較宗教系助理教授
布萊恩·威爾森
Brian Wilson
1998年3月

導　讀

在這個科技發達且全面電腦化的時代，實界的面貌一再的被清楚的解構分析，人類的智能似乎向極限挑戰，理智向無限開放，完全配合意志的渴求。在這情形下宗教的存在價值似乎又再度被質疑，人類是否需要另外創造一無限者？或者無限者本就存在，而且創造萬物，但人類跟祂距離已經不再遙遠？

最近台灣剛經歷了百年大地震，在現代科技的幫助下，災區重建已經展開。然而另一層之精神面的復健就不是那麼簡單了，奇特的是，心理詢商輔導敗給了民俗療法——收驚。唯有宗教的拯救才能使得上力，宗教再一次於實界檢驗中被證為有效，給質疑者上了一課。宗教救贖方式分為兩大類，第一是此岸的解脫，以道教的改變現狀與佛教的脫離苦海為代表。第二種是彼岸的正義救贖，幾乎所有的大型一神教是以此為號召。

據此可看出由布萊恩·威爾森（Brian Wilson）所著《基督宗教》（Christianity）一書的重要性了。在這套「宗教的世界」叢書中以一本薄薄的篇幅來看，不免令人懷疑內容能否盡如人意。仔細的閱讀之後才發現這擔心是過慮了。

猶太教的聖經為天主教、東正教、基督教、伊斯蘭教的啟發經書，所以談基督宗教就不能漏掉耶和華舊約的前導，而後耶穌基督的新約與猶太舊約合成了基督宗教聖經，這種初期的發展形成了天主教的開創時期。而天主教的傳播經護教者和教父的努力終於形成君士坦丁大帝的國教地位。直到今日天主教仍然維持這一統的情形，此即「梵蒂岡教廷」。但這一千多年的時間天主教也經歷了幾次分裂。首先是政治和宗教的分離，這是源於國家的

興起，與羅馬教廷的不合而造成，後來我們國內翻譯上就以基督教（即新教）來稱此風潮，這其中最有名的是馬丁路德、喀爾文和英國國教三股改革勢力。而後隨著美洲新大陸的移民，傳統和改革的力量同時湧向新大陸的新南美洲。這其間傳統天主教力量更是在中南美洲取得了絕對的宗教地位，主宰了大部分人的信仰及生活。而代表改革力量較為普遍的是北美福音會及美國為大本營的摩門教。而在中南美洲改革的力量則以解放神學為代表，這又多少與地方政治、宗教信仰互動有關。上述三股改革力量在台灣也都有分會，讀者應該在日常生活中見過。

面對這些不同的挑戰，傳統天主教也做了一些努力，這可從兩方面來看：首先是教宗在七〇年代親訪東正教，努力地促成東西教會的結合。近年來教宗更是與不同宗教領袖互訪交談，試圖將宗教的岐異點加以化解，而將宗教的共同點（如愛）分享與世人。第二方面則是透過梵蒂岡召開的大公會議來討論教會與世界潮流的溝通，這也是一個良好的發展。例如：墮胎、同性戀問題。近年來教廷也在思索神職人員獨身、修女主持彌撒等主張。這些都是教會在面對現代社會所必須面對的。

簡述完這基督宗教的發展，我們回頭來看布萊恩·威爾森（Brian Wilson）的這本書。書的篇幅雖然不太大，但卻能將這段歷史完整地呈現出來，從其祖先猶太教到本世紀的所謂後現代時期（Postmodern Age）都能清楚且精要地介紹出來，可見作者並不是以大量引述來取勝，而是經過消化後將讀者必須知道的資訊寫出，讀者花少量時間就能切入基督宗教的脈胳。當然受限於篇幅，作者無法將教義做一完整介紹，建議讀者如果有聖經的內容知識，閱讀這本書將會有更深的體驗。另外本書不僅將傳統教義重點介紹，對於幾次的分裂所呈現的不同教義主張也都清楚交

代，這是蠻難能可貴的。例如東正教、基督新教、福音會和解放神學等都是可供參考的。台灣的一般民眾(甚至有些基督宗教的信徒)對於天主教、基督新教本來就分不清楚，而一般社區的教會組織更是五花八門，有時實在很頭痛。而近年來有些宗教與政治互動頻繁，有些人也會持懷疑態度，祇好總歸一句：「他們都是耶穌基督的信徒。」面對這種混雜，本書應該可以提供讀者快又有效的解答。

本書的作者與譯者在本書上著力甚深，應可強力推薦給讀者來閱讀。但在此如果能對本書某些意見做更精確的修正則會更為完整。如作者指出中國大陸的天主教徒人數恐怕有些差異，較為正確的數字應在兩千萬左右。尤其這幾年大陸在宗教上採較開放的態度，對教會固定聚會活動倒沒有禁止，所以目前天主教信仰人口應該不止此數。另外譯者的文筆也很流暢；然而由於宗教譯名中，要在通俗與學術的差異上，兼顧不同教派的人士閱讀，中文詞彙上的統一或有欠失，但本書在眾多書籍中也許不是最有名的，但其散發的光芒是不容忽視的。

國立空中大學人文系教授
劉仲容
民88.10.28

目　錄

基督宗教編年表

古代末期	事　件
約1200BC	以色列人入侵迦南地(Land of Canaan)。
1000BC	大衛王建立以色列王國。
63BC	羅馬併吞以色列地。
6-4BC-33AD	耶穌生平。
48	耶路撒冷的使徒協商會。
約65	大數（Tarsus）的保羅去世。
70	羅馬人摧毀耶路撒冷。
70-80	馬可福音寫成，現存最早寫成的福音。
約140	因為瑪西昂拒絕接受希伯來聖經而起爭議。 導致有關基督教的聖典辯論。
313	康士坦丁下詔頒行米蘭詔書，容忍基督徒在羅馬帝國內活動。
325	阿萊亞斯爭議導致尼西亞大公會議。
356	基督宗教的修道生活的開創者埃及的安東尼去世。
382	基督宗教成為羅馬帝國的國教。
387	基督宗教的聖典確立。
中世紀	
410	羅馬亡覆。
570	伊斯蘭教興起。
988	俄羅斯成立東正教。
1296-1270	十字軍東征時期，教皇批准的軍事探險行動，為要從回教徒手中收回耶路撒冷和聖地。

約1100	歐洲的大哥德式教堂開始興建。
1210	教皇承認方濟會。
1216	教皇承認道明會。
1274	偉大的神學家多瑪斯‧阿奎納去世。
1302	教宗正式行文的唯至聖詔書(Unan Sanctwn)，宣達教宗最高的威權。
1309-77	西方教會大分裂導致在羅馬和法國的亞威農各自成立了互不相讓的教皇。
1415	改革者簡‧胡斯(Jan Hus)被掛於康斯坦茨大公會議的木樁上燒死。
1492	歐洲發現了美洲大陸。

歐洲的宗教改革

1500	羅馬天主教開始大規模的向非西方國家宣教。
1517	馬丁路德的九十五個邏輯命題引燃了歐洲的新教徒革命。
1531	改革宗的創始人之一，烏爾里希‧茨溫利(Ulrich Zwingli)去世。
1534	英國與羅馬決裂，另創英國國教；傳說胡安‧狄亞哥(Juan Diego)在墨西哥遇見了聖母瑪麗亞。
1545-63	特倫托大公會議(Council of Trent)促成了羅馬天主教會的改革。
1555	奧格斯堡和約(Peace of Augsburg)在歐洲的天主教和新教之間建立了暫時的和平。
1564	改革宗的創始人之一，約翰‧喀爾文(John Calvin)去世。
1589	莫斯科東正教建立主教制度。

現代	
1600	英國開始在美國殖民。
1846	歐洲宗教戰爭結束。
1250	理性主義的倡導人笛卡兒去世。
1681	莫斯科總主教尼康(Nikon)去世。
1700	新教徒開始大規模的向非西方國家宣教。
1705	歐洲敬虔運動的創始人，菲利普‧雅各‧史班塞(Philipp Jacob Spener)去世。
約1720	歐洲和美國的第一次大覺醒展開。
1721	彼得大帝廢除莫斯科的主教制度。
約1790	美國開始第二次的大覺醒。
1791	美國憲法第一修正案確保了美國的宗教容忍態度。
1815	伊洛郭族的長屋教的創始人，美麗之湖去世。
1830	摩門教建立。
1859	達爾文的物種原始論出版，點燃有關演化理論的辯論。
1910	出版《基要真理》(Fundamentals)一書，概述基本派(Fundamentalist)新教的教義。
1914-18	第一次世界大戰。
1925	司寇普斯審判案(Scopes Monkey Trial)。
1929	西非哈維斯獨立教會（Harrist Independent Church）。
1939-45	第二次世界大戰。
1940年代	泰澤(Taize)禱告運動在法國成立。

1953	薩伊(Zaire)的天主教分離運動——朱瑪(Jamaa)——建立。
1954	文鮮明(Sun Myung Moon)牧師的統一教成立。
1962-5	第二次梵蒂岡會議。
1970年代	解放神學在拉丁美洲興起；美國開始成立保守派福音聯盟。
1989	蘇聯崩潰後東正教重新在俄羅斯出現。

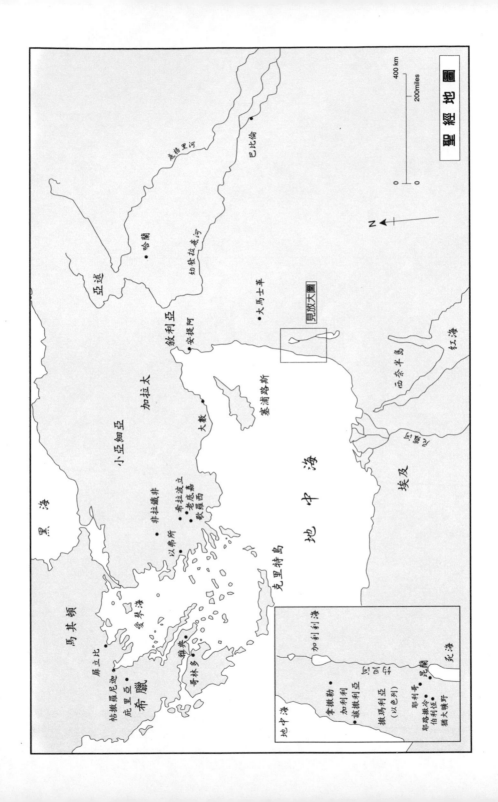

聖經地圖

400 km
200miles

亞述
哈蘭
幼發拉底河
巴比倫

敘利亞
安提阿
大馬士革
見放大圖

加拉太
小亞細亞

塞浦路斯
大數

非拉鐵非
希拉波立
老底嘉
歌羅西
以弗所

西奈半島
紅海
埃及
地中海

黑海

馬其頓
腓立比
帖撒羅尼迦
庇哩亞
希臘
雅典
哥林多
克里特島

愛琴海

地中海
加利利海

拿撒勒
加利利
撒瑪利亞
撒瑪利亞
(以色列)
加拿
耶路撒冷
伯利恆
猶大曠野

死海
昆蘭
耶利哥

I 緒 論
Introduction

耶路撒冷的復活節

現代以色列國中的耶路撒冷城，是很合適我們展開有關基督宗教介紹的一個適當的地方。雖然基督宗教在這個由猶太人和伊斯蘭教徒支配的城裡，只是少數人的宗教，但耶路撒冷城所散發的魅力仍然是許多基督徒為之神往的所在。據說這裡就是兩千多年前拿撒勒人耶穌遭羅馬當局處決的地方，也是基督徒相信耶穌由死裡復生，顯示出祂的**彌賽亞**（Messiah）真實身份之處。同時，它也是最早成立基督徒教會的地點之一──基督宗教最早的宣教士就是從這裡的教會出去，把基督**復活**（resurrection）的消息傳往世界其他地方的。為了以上這些理由，每年的復活節週，世界各地的教徒還是會到這兒來朝聖，好親身體驗，這個傳說所指的耶穌渡過他生命最後時日的所在。

　　每年春天，天主教徒都會聚集在耶路撒冷，來紀念這個苦難的星期五，也就是耶穌被迫從祂被定罪的所在，走往各各他

（Golgotha）這個行刑處的日子。耶穌走過的這條路線現在被稱為苦路（Via Dolorosa 哀傷之途），雖不長卻是一段因為具有豐富意義與許多錐心事件而永為人紀念的路程。虔誠的天主教徒會由一個據說應該是當年彼拉多（Pontius Pilate）站立的王宮所在開始（現在是一所伊斯蘭教徒的高中學校），再一連走過十一個其他的地點（或「站」），逐一稍作停留。每到一處，帶領這團人的領袖就會頌讀福音（Gospel）書裡一段解釋該地點意義的經文。然後這一團人會在那裡做一個禱告，隨後再往下一站去。到了第三站的地方，這一團人會停下來，冥想這個據說是耶穌因為不堪所背負的巨大十字架的重量，而第一次跌倒的地方。到了第四站，他們則會停下來紀念耶穌的母親瑪利亞由人群中出來，在她兒子走向死亡的路上給他安慰的地點。

這場天主教徒的受難日遊行，結束於第十三和十四站——各各他，這個流傳至今的耶穌被釘十字架的地點及聖墓，這個代代相傳指出的耶穌墳墓所在。今天，這兩個地點都被安置在一棟古老氣派的建築裡——聖墓教堂。遊行的隊伍先在各各他的岩石上默想，最後則是在所有虔誠信徒列隊進入內間禮拜堂後，達到終點。這裡就是耶穌墳墓所在的地點。兩天之後——復活節主日——這些朝聖者還會再回到這間聖墓教堂裡，舉行莊嚴肅穆的彌撒（Mass）。

羅馬天主教徒並不是唯一以聖墓為復活節祈禱重心的基督徒。他們也跟很多其他教派共用這間教堂，其中包括了東正教各教派的基督徒。由於東正教的基督徒計算出的復活節期跟天主教的不同，所以兩派人每四年才會在同一天裡紀念這個日子。此外，其他的差別也很多。東正教的基督徒稱復活主日前一天為「撒巴奴」（Sabta Nur）——聖火星期六。這個聖火星期六的活

動非常重要，連遠在俄羅斯、希臘、美國以及土耳其的東正教基督徒都會不遠千里而來見證這場盛會。虔誠的東正教信徒常常會在聖墓教堂的庭院裡整夜露宿，以期取得在教堂裡觀看聖火儀式的最有利地點。等到第二天門戶一開，這些信徒就會蜂湧而至，到蓋在耶穌墓地所在位置上的內間禮拜堂四周。上午十一點，看守聖墓的伊斯蘭教職員就會進入禮拜堂，熄滅裡面焚燒著的燈台蠟燭，移開所有生火的器具，再用一個大大的蠟印封好進入禮拜堂的門戶。接下來，東正教的信徒們就要等著**總主教**（patriarch）和他侍從的來臨了。

　　兩小時以後，總主教和他的侍從們進入了聖墓教堂。這位總主教會逆時鐘繞行這間建在墳墓上面的禮拜堂三次，最後則在封住的門前停住。然後所有的燈都會熄滅，讓教堂的圓形大廳幾乎

在聖火星期六這個日子裡，耶路撒冷東正教的總主教會舉起一支點燃的蠟燭，象徵耶穌從死裡復活。

陷入了一片漆黑當中。然後有人幫著總主教除去了身上的外袍。接下來他還禮貌的接受了旁邊隨從的檢查，向群眾證明他沒有攜帶任何火柴或打火機。這時亞美尼亞（Armenian）東正教會的總主教出現了，於是他和希臘東正教的總主教一起打碎門上的封蠟，進入了禮拜堂，並隨手把門關上。

　　群眾一片寂然。有好幾分鐘的時間，禮拜堂裡面都是一片漆黑。不久，禮拜堂兩邊的兩個小開口露出了一點微弱的亮光。轉瞬間，希臘東正教的總主教就由禮拜堂的一個窗戶伸出來一根點燃的火炬。根據信徒的講法，這是上帝由天上送下來進到禮拜堂裡的特別火種——代表耶穌真的是由死裡復活了。於是，群眾中響起了一陣呼喊——奇瑞‧艾利森（Kyrie Eleison；意為主啊，憐憫我們！）。首先，一支有秩序的隊伍迎向火炬，很多人點燃了一捆總計三十三支的蠟燭束，每一根代表耶穌在世上過的一年。然後其餘的群眾也會湧向前去，以聖火來點燃他們自己的那根蠟燭。霎時間，蠟燭又點燃了其他的蠟燭，於是聖火隊伍走出教堂，到了庭院裡，此時那裡也已點起了燭火。有些人還把火焰拿到貼近自己臉頰之處，深信聖火是不會燒傷皮肉的；還有些人則把一些小金屬燈籠點燃，好把這神聖的火焰帶回家去——回到希臘、俄國、美國等地。希臘東正教的總主教自己則要把這聖火帶到南方的伯利恆去，在那裡點燃懸掛在傳說中耶穌誕生地的那些燈。第二天，他還會再回到聖墓教堂來主持復活節彌撒。

　　同時，高踞在教堂的屋頂上，有另一群人也正在舉行他們復活節的儀式。這是鄰近的衣索匹亞（Ethiopian）東正教的僧侶在聖墓教堂的屋頂上，進行一項古老的典禮——「找尋耶穌的身體」。這些衣索匹亞東正教的隊伍，在一間跟底下墳墓禮拜堂很像的屋頂小禮拜堂的四周繞行，起先他們是肅穆的走著，唱著詩

歌，擊打著木鼓，還搖著一種會嘎嘎作響的古代樂器。這個隊伍就這麼不停地繞著走，每轉一圈就顯得更加喜樂。不久，僧侶們的莊嚴神情就完全為歡欣喜樂所代，因為他們一直在找尋耶穌的身體，現在既然找不著，就證明耶穌確已復活，於是就欣喜地歡呼了。

東正教和天主教並不是唯一在耶路撒冷敬拜的基督教派。有些新教徒也會為這些流傳數世紀之久的莊嚴神聖的古老儀式所吸引，而來參加這些天主教和東正教所舉行的典禮。另一些新教徒則可能只來到耶路撒冷，卻不跟這些天主教徒或東正教徒混在一起。英國國教因為既急於找尋此一聖經事蹟的正確所在地，又不滿於聖墓教堂裡所舉行的這些不倫不類的敬拜方式，於是就在十九世紀時尋求了另一種替代的儀式。他們發現這座古城外的一座山丘上有一處所在，那裡岩石錯落的方式跟各各他神似，而附近的一座古墓也讓他們深信這才是耶穌受死和復活的真正所在。雖然這個地點的真實性至今仍是爭議不休，莫衷一是，但是很多新教徒還是覺得這就是他們所要找尋的所在——一個直接得自四福音書的耶路撒冷，不受幾世紀來的儀式和裝飾的束縛纏身。

但是諷刺的是，基督宗教這個耶路撒冷聖地——一個充滿喜悅和平安應允的地方——竟然也是發生許多棘手問題的所在。不管是東正教、天主教，還是新教徒，他們這趟耶路撒冷的朝聖之旅，都是為了紀念耶穌的復活。因此，儘管不大情願，每個團體都還是視其他團體同為基督徒。這是凝聚他們唯一的基礎。但是任何從旁觀察的人也都不免看出，這裡面其實並沒有真正的合一。這些團體都自以為是抓住自己的有別之處不放，視此為一切最終本源和最要緊的重點——不只是選擇上的問題而已，而是攸關真理的關鍵。大家都相信，真理是要奮鬥爭取的，而這可是兼

指物理性的與象徵性的奮鬥的。

例如，像亞美尼亞總主教就年年都得爲了在聖火星期六的節慶裡，跟希臘總主教一起進入內間禮拜堂，而奮鬥不休；而衣索匹亞基督徒則是早就在這場爭取在該教堂裡進行儀式的鬥爭裡敗下陣來。這些緊張的情況適足以顯示，爲了爭奪聖墓敎堂裡空間的控制，彼此間的猜忌竟有多深。而天主教與東正教之間的衝突，還要更白熱化。例如，每四年當東西兩派基督徒的復活節週遇在一起的時候，這兩教派的人就被迫要同時共用這間聖墓教堂，來進行他們的復活節祈禱。過去這種景況就經常導致兩方信徒動粗，而讓掌控耶路撒冷的當局(先是伊斯蘭教徒，後來則是以色列人)不得不介入協調。這種緊張的關係至今仍在，而且還有一個很不自然的停戰協議在那裡。只有靠著最嚴格的空間和時間控管規定，才能讓這兩派人士並肩進行敬拜。暴力和衝突的可能則一直都還在。

面對這種極不穩定的情勢，一般人的態度常常不外是選邊站，支持其中一方，或是對這種顯而易見的荒謬行徑嗤之以鼻。但是，控管耶路撒冷的俗世當局卻由多年的經驗裡發現，這兩種反應都不正確。偏袒一方只會扭曲情景的眞實性；而藐視它也只是故意忽視了這裡面的潛伏危機。所以這些俗世的當權人士發現，了解耶路撒冷基督宗教的唯一實用方式，就是不去理會那些各說各話，堅持主張對該城基督教聖所擁有絕對主控權的說法，而在坦白承認這裡面存有長久差異性的情況下，處理這些問題。只有這樣才能規劃出一條相互容忍與合作的途徑，而且大致還能避免衝突與暴力的產生。

耶路撒冷的基督宗教：
全球基督宗教的一個隱喻

　　就這方面而言，在耶路撒冷的基督徒的景況，也正代表了全球更大範圍裡的基督宗教的景況。在這個世界裡，也和在這座城裡一樣，充滿了許多不同的基督宗教團體，個個都爭著解釋該宗教的核心要務為何。當然這種景況會出現在不同的性質和更大的複雜的世界性的層面——如果說耶路撒冷城裡能找到十來個基督教派的話，那麼據估計，全世界就共有二萬一千種壁壘分明的基督宗教團體。但是，為了正視全球基督宗教的現實狀況，我們也必須採取一種類似於該城所採取的方式。換言之，我們必須摒除各團體那些自以為代表基督宗教正統的議論，而坦然正視該宗教裡的凌亂無序與長久以來的多樣性。這就是本書的宗旨。

　　我們的內容不在專一於**主流**（mainstream）或主要基督宗教的發展上，而是要儘量多去了解整體與全球性的基督宗教傳承的發展。當然，要在這麼一本概括性小書的範圍內，真正鉅細靡遺的概括基督宗教各色各樣的所有支派，即使不是徒耗心力，也根本是不可能的。真想一網打盡的兼容並蓄，就非得把它寫成一部百科全書不可。但這卻不是本書的處理方式，我們的做法是要藉著描繪出該傳承裡由始至今的代表性轉變，而努力展現出一幅基督教的多樣性分光譜。這樣就能看出基督宗教的歷史和時至今日的一種呈現——一個活潑、不斷更新的宗教，跟其他的宗教一樣，其活力正來自其多樣性。

　　宗教傳統裡的改變過程，常常是一種潛意識、不經心的過程。但是一旦被人辨識，卻常常不很受人歡迎。在有心保存過去形式和希望擁抱當前轉變的兩派人士之間，經常會有對立產生，

分裂於焉產生，而原本單一的宗教傳承，也就因而在同一社會裡衍生出形形色色的變異型態來了。當然，社會本身也是十分多樣的，因為他們是由各種不同的哲學、政治、和經濟結構配置所組成。在一項行之有年的傳統進入新社會之際，它勢將適應這些社會結構的新組合，而其過程中便形成了新的變異形式。而這也會導致該傳承分支的產生，於是，在宗教傳統成長、分散到新地域之際，多樣性勢不可免。

大體而言，這就是基督宗教發展的歷史。本書的設計，就是要向讀者介紹這樣一段的歷史，藉著把基督宗教分為五大時期來描繪其梗概：古代末期、中世紀、宗教改革、現代等時期，最後則是我們現在正在邁入的這時期，即有些人稱為**後現代**（postmoderm）的時期。以上每一時期能見證到基督宗教的逐步成長和傳布，同時能在每一個基督宗教團體都可以找出在社會結構及其動態中的特殊變遷的特徵。這兩項因素的組成意味著，每一時期都導致一些特殊基督教派的產生。當然，也不是所有這些新興基督宗教團體和運動都能歷經當時所處時代而活存下來，但這部分也不在我們所敘述的範圍之內。相反的，我們將在以下篇幅裡討論的這些團體和運動內容，都是因為足以顯示其所處時代裡基督宗教之持續分裂性的一些重要層面，而被挑選出來的。

在基督宗教傳承的歷史裡，改變常常都會導致跟四種宗教思維的相關議題產生衝突：神聖的故事或神話、宗教信仰或教義、宗教儀式或禮儀、教會的制度性結構。的確，古往今來的基督宗教團體向來多是根據這四種思維的獨特組成方式來界定自己的。因此，在以下的章節裡，我們會把焦點放在這四大領域的改變上。我們會為每個時期討論一些特定的實例，以看出為基督教的神話、教義、禮儀和制度而起的衝突，如何導致了新興基督宗教

團體的產生。

再論耶路撒冷

　　如果說耶路撒冷城是個適合開啓這番介紹的好地點，那它也同樣是個適合做個結束的好所在。在接下來的章節裡我們會看見，基督宗教歷史起於古代的耶路撒冷，而這個城市也在整個第一世紀及之後的歲月裡，在傳承的發展中持續扮演一個重要的角色。但是，在我們開始探索基督宗教之際，我們在此眞正關切的，卻是現今的耶路撒冷城。因爲如果今天的耶路撒冷正是基督宗教多樣性的一個象徵——具有所有如此晦暗的那些潛在的和看不到危險的那些——那麼就是這座城市也是我們必須謹記在心的另一件事的象徵，基督徒並不是耶路撒冷唯一的一種人。他們也跟世界另外兩大宗教，猶太敎和伊斯蘭敎，共享這座城市。事實上，基督敎的多樣性只是該城整體宗敎多樣性的一部分而已。

　　正如基督徒在耶路撒冷城裡跟猶太人和伊斯蘭敎徒摩肩擦踵的共存，同樣的，全球的基督徒也在跟其他林林總總的信仰共享這個星球。因此，研究基督宗敎的發展不但對於理解基督宗敎的多樣性十分重要，它也可以是個開始理解一般宗敎多樣性的重要起點。我們希望，本書能藉著傳達出多樣性在一個傳承裡實爲自然且不可避免的意含，而本書最終目的是要帶領讀者進入一個全球性自然多樣性宗敎的更大意含。

註 釋

①有關耶路撒冷復活節慶祝方面的描述，參見 Richard D. Hecht，＜神聖時空的建構與管理：聖墓教堂裡的聖火禮拜六＞(The Construction and Management of Sacred Time and Space：Sabta Nur in the Church of the Holy Sepulcher)出自 Roger Friedland 與 Deirdre Boden 編之《此時此地：空間，時間和現代性》(*NowHere*：*Space, Time and Modernity*；Berkeley：University of California Press, 1994)：181-235；Thomas A. Idinopulos，＜耶路撒冷的聖火＞，《基督世紀，99期》("Holy Fire in Jerusalem"，*The Christian Century*, 99；April 7，1982)；4 0 7-9；Joel L. Kraemer 編《耶路撒冷：問題與前景》(*Jerusalem*：*Problems and Prospects*)(New York：Praeger, 1980)；Harold J. Shepstone，＜耶路撒冷的聖週＞("Holy Week in Jerusalem,")《巴勒斯坦探索季刊》(*Palestine Exploration Quarterly*；1944, 218-22)；Chaim Wardi，＜耶路撒冷的復活節＞，《以色列基督教新聞》("Easter in Jurusalem," *Christian News from Israel* 23：3 (1973)；152-7；Walter Zander，《以色列和基督教國家的聖地》(*Israel and the Holy Places of Christendom*)(London：Weidenfeld and Nicolson, 1971)。有關墓園的資料，參見 Sarah Kochav，＜找尋新教聖墓：十九世紀耶路撒冷的墓園＞，《教會史期刊》("The Search for the Protestant Holy Sepulchre：The Garden Tomb in Nineteenth-Century Jerusalem," *Joural of Ecclesiastical History* 46：2)(April 1995)：278-301。

由耶穌到彌賽亞到基督：
古代末期基督宗教的發展

From Jesus to Messiah to Christ

前　言

今天的基督宗教是世界最大的宗教傳承，擁有十八億的信徒；從其起源來考量實是一件了不起的事實①。基督宗教起自西元一世紀那段期間，其核心是人稱拿撒勒人耶穌的一位身分曖昧卻極有領袖魅力的猶太村夫傳道人，基督宗教很迅速發展且超出了以色列土地的疆界，最後則在西元第四世紀那段期間成為羅馬帝國的國教。然後，靠著此一帝國和其繼任者的幫助，基督宗教的宣教工作在接下來的一千五百年裡，扇狀的向外展開，把基督宗教的信息帶到了世界其他角落。

從起源而言，基督宗教不是一個單一的傳承。稍後我們也會看到，基督宗教起自於許多民族中各種成分的融合。耶穌是一個猶太人，因此他許多重要的主題和觀念都來自猶太遺傳所得。而且耶穌自己並不是基督教會的創始者。那些許多教會在草創期都是由多數人所共同建立，這些人有些是猶太人，因此他們參與了

耶穌的希伯來世界觀，但有些則是希臘人，事實上早期基督徒的歷史中一位重要人物──大數的保羅──就是一位受到希臘思想影響的猶太人。保羅那個時代之後，希臘的世界觀在基督宗教傳承的形成裡扮演起越來越重要的角色。因此，在古代末期的那幾個世紀之際出現的基督宗教，它已經融入了各樣文化與社會成分在內。在這一章裡，我們將從猶太教開始，追溯這些成分的歷史匯流。

猶太人的背景

學者相信猶太人祖先的希伯來人，本身就是入侵美索畢達米亞的閃族（Semite）後裔，在西元前三千年那段時期裡建立了阿卡德(Akkad)城邦。很可能是在西元前一七○○年左右那段期間，有一群美索畢達米亞的閃族在某一特定時刻，轉換至牧羊人的生活，並且向南遷徙，離開了美索畢達米亞，最後則是在定居在另一群講閃米語言的迦南人中間。這些移民大部分定居於此，並且開始吸收許多迦南人的文化。但有一些人則繼續其游牧的生活，並向南進入了埃及。他們就是後來的希伯來人。

約在西元前一千兩百年的那段期間，希伯來人回到了迦南之地，他們試圖將自己重新整合到迦南人的社會裡去。但是這樣的整合並不容易實行，因為在他們寄居埃及的期間，他們已經經歷了一場驚人的宗教轉變。這些希伯來人現在已經不信奉多神，而成為一神教信徒，即單單信仰一位神祇。他們拒絕接受本地迦南人的多神信仰。不但如此，希伯來人的這位神祇不是單獨某一地方的神明而已，卻是一位會跟著祂的神民一起行走各地，並給與他們應允或**聖約**(covenant)相連結的神。這位唯一真神名為耶和華，祂應允希伯來人，幫助他們興旺，條件是他們應以信守一套

嚴格的倫理行為的法規，並且執行一套特定的禮儀為回報。這次的宗教轉變非常重要，所以這些希伯來人甚至從此起了一個新的名字，按其早先一位曾有幸與耶和華直接相遇的部落領袖雅各‧以色列(Jacob Israel)之名命名，稱為以色列人。

這些以色列人的宗教跟他們迦南之遠親相差如此之多，以至於就在他們進入了迦南地後不久，就進入了一段漫長的衝突期，這期間以色列人逐漸由迦南人的手中奪得了對這塊土地的控制權。同時，也就在這段期間，以色列人受到迦南人的影響，除因軍事必要性之外，開始採用起王權制度。在這以前，以色列人向來是由一些「士師」(judges)來統治的，他們其實就是一個暫時領軍的將軍或是軍閥，是由一個委員會在一種因時制宜的基礎上選舉出來的領導人；但是就在以色列於西元前一千年那段期間建立了君主政體後不久，大衛王便成功地統一了各部落，並以迦南古城耶路撒冷為中心，建立了首都。以色列人在此開發了一個高度精密的敬拜中心，還為此配合建立了莊嚴宏偉的神殿、專業的神職制度、複雜的**禮拜儀式**(liturgy)、大規模的動物獻祭，還有每年舉行的慶典，讓全國百姓在這期間上耶路撒冷來朝聖。就是這段時期裡，文件史料的收集也逐漸成形，後來終於成了那本希伯來聖經(基督徒則稱為舊約)。最後，大衛和他的兒子所羅門建立起一個由美索畢達米亞直到埃及的以色列帝國。

以色列復國的神學

大衛和所羅門的君主政體代表了以色列文明的最高峰。從所羅門去世以後，以色列人就遭受了一連串的政治和軍事挫敗，最後終於導致完全喪失了對以色列國土的自治權。西元前一千年這段期間的大部分時間，這塊土地都是由一連串的殖民霸主所控制

的——先是亞述人（Assyrian），接下來是巴比倫和波斯人，然後是希臘人，最後則是在西元前六十三年的這段期間，有羅馬人把這地方吸收到正迅速發展中的羅馬帝國裡。羅馬人稱以色列國土為猶大省（Judea），而住在那裡的人則稱為猶太人。

這段時期的不幸苦難，引起了針對以色列神學所做的大規模重估，而且常常是由一種人稱**先知**（prophet）的人士所提出。以賽亞（Isaiah）是西元前八世紀的宗教導師，也是耶路撒冷聖殿裡的一位先知。他的說法使信眾順服，這些不幸代表了上帝對以色列人的不滿，而且他們正行在通往大難之路上。但是以賽亞也以另一個很大的希望來平衡了這個將臨的厄運的預言。以賽亞在某一時機宣布，將來會有一個出自大衛家系的女人及時出現，生下一個將會拯救以色列的兒子。以賽亞指的究為何人，殆無人知，但一位出自大衛一系的國王將會出現，受膏為君王之尊——一位彌賽亞——的觀念，卻從此成為猶太信仰裡一個持久不變的部分。

在這段期間，猶太人向外遷徙、離開以色列國土的人，日漸增加，因著政治或是經濟原因的人都不乏人在。這便導致大型猶太僑民社會的出現，他們被人統稱為「離散的猶太人（遊子）」（Diaspora 出自希臘文 dispersion，客居他鄉之意），為了這些猶太僑民的宗教需求，那裡發展出地方性從事宗教禮儀與教育的中心，使能聚集公眾的猶太教會堂（synagogue 為希臘文 assembly，即「集會」之意）。久而久之，會堂也成了以色列本地常見的一個所在。

這段期間很多猶太僑民都吸收有關希臘和羅馬的文化，而此一影響連在以色列國土都感受得到。猶太人中富有、受過教育的人，都兼通雙語，能講希臘語；連希伯來聖經也被時時翻譯成了

希臘文（所謂的七十士聖經 Septuagint）。不過，也不是猶大省所有的猶太人都熱衷於希臘羅馬文化的湧入，很多人更不滿於羅馬的統治。像那些極度關切聖殿禮儀之延續的菁英虔誠家族的撒都該人（Sadducees），他們對這片土地上的外邦文化的影響很不信任。另一個教派法利賽人，他們都是會堂裡的拉比或導師。法利賽人也跟撒都該人一樣，十分關切外邦文化勢力所產生的影響，只是他們對聖殿的禮儀不像撒都該人那樣感興趣。相反的，他們更重視個人習慣行為的純淨——這種純淨是唯有藉著嚴格遵守希伯來聖經裡的飲食和其他「生活方式」（lifestyle）的律法，才能維持的。因此法利賽人也視希臘與羅馬文化的散漫無紀為此種純淨的威脅。而且，法利賽人的階級裡也發展出了一個致力於以暴力推翻羅馬統治的小團體；這些人被稱為奮銳黨人（Zealots）。奮銳黨人認為他們以武力抵抗羅馬人的行動，是導入彌賽亞日子來臨的一個必要步驟，也就是那位會除去以色列國土上所有外國影響勢力，並重建永恆的以色列國的大衛家系之所出的國王，終將出現。

不過，也不是所有這類的活動都可以如此這般的界定得明明確確的，特別是在以色列國土的鄉下地區。猶太人的鄉村地區就有著許多巡迴各地的江湖術士和魔法師、醫者和神人、神棍和假神醫。例如，在最早的第一世紀這段時期裡，有一位名叫以利沙（Eleazer）的人就曾把附身的惡魔從人身上驅除；還有一個叫歐尼阿斯（Onias）的人自稱擁有可以隨意指揮大自然的力量；另外也有一個加利利人翰尼拉‧班多撒（Hanina ben Dosa of Galilee），曾做過遠距神靈醫治；第四位則是一個叫做修達斯（Theudas）的人，宣稱他可以奉上帝之名施行神蹟奇事。這些男女裡，有些甚至自稱是彌賽亞或是彌賽亞的使者。他們在這些猶太的小城鎮村

落裡漂泊出入，不時也會吸引小群的民衆跟隨，而當地的在位者當然也會派出眼線尾隨偵查。雖然這些活動鮮有能持續多時的，但它們卻鼓舞了那些渴求希望的飽受蹂躪的百姓，給他們以精神和政治上的盼望，因此這樣的活動還是不斷出現，而耶穌就是在這樣一個世界裡生長起來的。

歷史上的耶穌

耶穌本身並沒有留下任何著作、自傳，確實地說，歷史資料的取得是非常不足。基督宗教的經典對耶穌四福音書中的耶穌傳記，都是在耶穌死後一段時間才寫成的。我們現代人對耶穌的描繪，其實是建立在針對這些文件嚴格分析之上的一個合成物，也是對前述西元一世紀猶太教世界之分析而予之詳細情境整合。

當代學者推測耶穌很可能是在西元前六至四年的那段時間出生於下加利利（Lower Galilee）地方②。他的家境窮困，但卻也還不至於一貧如洗，而且跟當年地中海地區很多別的村民一樣，以在村莊裡做工匠糊口。耶穌很可能受過他父親木匠工作的訓練，但是正式的教育則大概是付之闕如的。不過，他極可能上過當地的猶太教會堂，並且至少經由口傳在那裡取得了對希伯來聖經和猶太教法利賽式規範的一些認識。不但如此，耶穌也和他的鄰居一樣，非常熟悉那些行經加利利鄉間的赤腳醫生、法師和小先知的世界。

在他生命中的某一時刻，耶穌受到一位名叫約翰的傳道者教導的吸引。約翰究竟是從哪兒來的，歷史上並沒有對他的背景清楚地記錄。耶穌遇見他的時候，他正在約旦河邊講道，也就是距耶穌的拿撒勒家鄉只有一天腳程的地方。約翰就在那裡傳講先知們的古老信息，並特別強調目前這個罪惡的世界即將終了，上帝

的王國將在新世界裡建立起來。約翰認為，那些希望能撐過由這個腐敗的世界轉換到**上帝國度**（Kingdom of God）去的人，必須經過古猶太**洗禮**（baptism）的潔淨禮儀。而耶穌似乎也接受了約翰的信息和約翰的洗禮。

約翰也和當時其他很多雲遊四方具有領袖魅力的人物一樣，受到羅馬當局嚴密的監視，因為他們視這樣的講道為政治性的顛覆。於是施洗者約翰很快就遭到逮捕並處決。而耶穌也就在約翰死後，隨即開始了自己的傳道事業。但是他卻似乎把約翰的信息做了微妙的更動，暗示上帝的國度已經在地上建立起來了。為了證明這個國度的存在，耶穌做了許多治療和驅邪的神蹟。因為此一國度的緣故，耶穌竭力勸導他的聽眾施行徹底的平等主義，打破使人與人間產生區隔的社會與宗教階級。儘管這個信息十分不合時宜——特別是在古代以色列高層級化與父權至上的文化裡——耶穌終究還是吸引了一群追隨者，跟隨他雲遊各村莊，在旅程中傳講其信息。

我們不曉得耶穌是否受到跟約翰一樣的政治當局的注意，但耶穌卻終是因為一心要把他的信息帶往以色列國土的宗教與政治核心耶路撒冷城去，而決定了自己的命運。當時耶路撒冷因正值節慶季節而擠滿了人潮，於是聖殿成了耶穌對遠超過鄉下群眾的廣大聽眾傳講其信息的好地方。於是，就在**逾越節**（Passover）前幾天，耶穌和他的追隨者進了城裡，開始在聖殿區裡講起道來。不知是因其信息性質的緣故，還是聖殿裡發生的某些事件之故，或者是兩者兼有，總而言之耶穌很快就受到城裡宗教和政治當局的注意。而耶穌也就這麼快且是草率地，被羅馬人以當時常見的釘十字架方式給處決了。這應該就發生在西元三三年前後的那段時期裡。

這具西元三世紀的石棺上所描繪的，是耶穌正喚醒拉撒路（Lazarus）由死裡復活。這個神蹟表達出，深信耶穌是具有征服人類死亡恐懼之能力的。

十字架上領死的彌賽亞問題

究竟耶穌死後隨即發生了些什麼事，我們並沒有任何具備歷史真確性的知識。也許耶穌那些追隨者最起初的反應是不敢置

信，然後則是逃離耶路撒冷。不過，耶穌所提倡的這個運動雖然草草結束了，但至少有一小群的追隨者依然彼此保持聯絡。同時，耶穌的領袖魅力也繼續掌控著信徒的想像力，因為他們還一心要為他在十字架上的橫死找出合理的解釋。對有些人而言，耶穌無疑就是彌賽亞。但是如果耶穌就是彌賽亞，那他怎麼又會死亡？這個問題唯一的可能答案，就是他根本沒死，不然就是，他曾經死了，可是又已經從死裡復活了。因此，耶穌是活著的，而且很快就會以彌賽亞的身分回來，帶來他說過的那個上帝的國度。耶穌的死是為以色列的罪而作的一種偉大的贖罪（atonement），一個大規模、涵蓋一切的犧牲。而且，耶穌不但是以色列**救贖**（redemption）的一個象徵，他也是一個人。這樣，他同時發生的死和復活的情況，就也支持了每個人都要由死裡**得救**（salvation）的應允。

耶穌的一些追隨者，就是帶著這樣堅定不移的信念，回到了耶路撒冷，開始傳講起耶穌的信息（不過此回要小心得多），此並如耶穌復活一般。對這些**使徒**（apostles）來說，耶穌的福音是單單針對猶太人的，因為這關係到以色列的救贖。而且此一運動最早的成員自然也是看重自己的猶太身分超於一切，因此他們都繼續遵行那些希伯來聖經所訂下的律法，其中包括了聖殿的敬拜。因此，在這一點而言，此一「耶穌運動」都還很適切地歸為猶太教裡的一個教派。

由彌賽亞到基督

後來此一耶穌運動開始派遣使者，把福音由耶路撒冷和加利利兩地的核心地區，帶到以色列和外地猶太人的會堂裡去。這些使者很可能是對會堂的聽眾，口頭描述了耶穌的傳記和他的一些

議論。這對此一傳承造成了兩大主要衝擊。第一，在當時，耶穌的彌賽亞身分的信息，仍然被視為本質是政治性的，雖然它頗能令一些猶太人感興趣，但是很多會堂的當權者卻因為畏懼羅馬人的報復，而立即展開了對這些福音使者的迫害。於是這也隨即在新的福音使者之間，激起了一種對會堂當局的負面態度，最後甚至演變成對傳統猶太教的反感。

至於第二項的衝擊，就是它成了此一耶穌信息開始接觸到希臘或講希臘語的世界，吸引來自非猶太（「外邦人（Gentile）」）信徒的一個管道。這些外邦的追隨者被稱為基督徒，根據的就是christos 這個字，希臘文裡表示「受膏者」或「彌賽亞」意義的一個字。不過這些向外邦人傳教的工作真正開始快速地擴張，是從大數的保羅（Paul of Tarsus，約65）開始的。雖然保羅從來沒見過耶穌，但他卻是早期耶穌運動最成功的一位傳教士。由保羅的早期生涯來看，他會成為推廣此一運動的頂尖鬥士，實在是極不可能的一件事。雖然保羅是在外地出生長大的猶太人遊子，但他接受的教養卻使他成為嚴守律法的法利賽人，甚至他起先的立場也是站在支持會堂當權者的這一方的。事實上，保羅自己承認，他原本是最熱心於迫害耶穌運動宣教者的人士之一。但是，據他自己的說法，他在前往大馬士革的路上經歷了一次震撼性的信仰轉變的經歷。從那以後，保羅便成為在遍布在外的猶太人地區宣揚耶穌的彌賽亞身分最熱心的倡導者。

保羅既在遊子的猶太人地區長大，希臘文化十分熟悉，所以極熱心於幫助越來越多的外邦人組成小亞細亞新的基督徒會所。他很想幫助他們快快融入這個運動之中。因此保羅決定，外邦人無須先皈依猶太教。此舉令耶路撒冷教會頗為不悅，那些傳教士向來是要求外邦人先作此皈依，才能成為基督徒的。這便導致了

耶路撒冷教會和保羅的傳教活動之間的摩擦。最後保羅因爲擔心耶穌運動的合一，終於前往耶路撒冷，跟那裡的猶太基督徒教會會談。於是在西元四八年的那段期間，便召開了一次使徒會議。會議中決定，只要保羅在外地的會所能接受以耶路撒冷教會爲首，並供應其財務需要，則猶太基督教會就應接受外邦人的皈依。保羅也對這樣的安排感到滿意，便返回小亞細亞繼續他在那裡的傳教事工，後來更把他的工作擴充到了希臘本土。

但是，保羅也逐漸看清，耶路撒冷的猶太基督教會的傳教活動，既堅持要求外邦基督徒遵循希伯來聖經裡的禮儀規範，就會讓他的宣教工作不斷受到破壞。爲此，保羅被迫明確的拒絕這樣的禮儀規範，主張上帝先前給與的聖約（舊約），已經被一套與外邦人訂下的新約取代了。事實上，保羅辯稱，把以色列人帶回上帝面前的，正是這些外邦人。保羅整理出了一套「合於外邦人需求」的神學理論，其中指出得救（保羅稱爲**釋罪**——justification）不是由希伯來聖經裡的禮儀規範而得到的，而是上帝平白的**恩寵**（grace）。根據保羅的講法，恩寵不是由努力執行這些禮儀作法而賺得的，只能因著對上帝和耶穌眞理的信心而來。

最後保羅的外邦人教會和耶路撒冷猶太基督教會之間的競爭，終於有了解決，但是根據的倒不是任何神學上的理由，而是各種蜂湧而至的政治事件所自然促成。西元六六年那段期間，耶路撒冷的猶太人起而反抗羅馬的統治，甚至還成功地把羅馬的行政長官由這個城裡驅逐了出去。起初羅馬人並沒有把這場叛變看得很嚴重，但是動亂很快就燃燒到猶大省其餘的地方。第二年羅馬的提多斯（Titus）將軍無情地鎭壓了鄉下地區，並且圍困了耶路撒冷。一年以後該城終於陷落。所有的猶太人都被逐出城去，聖殿也第二次被毀，而猶大省也被重新命名爲巴勒斯坦。於是耶

路撒冷的猶太基督教會，便往北逃至鄉間，在那裡活存了幾代。但是猶太基督教會既然喪失了他眾望所歸的領袖象徵——耶路撒冷，便逐漸從歷史的視野裡淡去。現在基督教會傳承的命運主要是落在外邦教會的手裡了。

等觀福音書

　　基督宗教在第一世紀後三分之一期間發展成了一種希臘現象，其影響之深，由四福音書均由希臘文寫成的這一點，就可以看出一斑。從此一運動初起的幾年起，耶穌的生平事蹟就在基督徒會所之間口耳相傳，但是其至今尚存的最早文字版本（寫成時間可溯自西元七十年前後十年的這段期間）則完全是以希臘文寫成的。不但如此，這些耶穌傳記的描寫方式，大多在投合外邦聽眾。例如，馬可福音（The Gospel of Mark，約成於70）把耶穌的死亡跟耶路撒冷聖殿的被毀相提並論，意思似乎在說，因耶穌死亡而引入了這個時代，正代表著猶太教的終結和上帝的聖約展延至外邦世界。基本上這就是保羅的信息，只是現在更藉著把它象徵性地納入在耶穌的故事內，而極有效地傳達了出來。

　　馬太（Matthew）和路加（Luke）福音（約79間）寫成後不久，這種反猶太的論戰依然持續不休。事實上，馬太和路加福音很可能都受到了馬可福音和另一部現已不存的福音版本（基於這種相互倚賴性，馬可、馬太和路加福音常被人稱為等觀福音書〔synoptic〕，或「形似」福音書）的影響。但是馬太和路加福音都很努力地強調，基督宗教是猶太教的滿全，而不是一個全新的傳承。這是為了兩項理由的緣故。第一，馬太和路加福音都很謹慎的建構它們的敘述，以使這些耶穌生平的事蹟，可以視為希伯來聖經裡所記載的彌賽亞預言的成就。如果它們全然排斥猶太教，

就會被迫一起排斥猶太聖經的可信性，因而連足證耶穌彌賽亞身分的經文一起放棄。

而僭佔猶太教的第二個理由，則是因爲這攸關到羅馬社會裡的身分地位問題。在兩部福音書寫成的時候，很多基督教的會所都已經建立了幾十年之久，並且達到了某種穩定性。但是，基督宗教作爲羅馬帝國裡的一個新興宗教，並不能享有像猶太教之類，被羅馬人認知爲具有「古老傳承」那類身分傳承所能擁有的法律上的保護。羅馬這個國家是建立在舊有羅馬對男女諸神的信仰上的，雖然任何新興宗教的本質和本身並不會被視爲對此一國家具有威脅性，但新興宗教若是要求絕對的忠誠，就會受到這樣的懷疑。而基督宗教就是這樣的一個宗教，因此基督徒的會所也常成爲羅馬當局騷擾和迫害的目標。所以福音書的作者們實在是要藉著維持此一與猶太教義的聯繫，並聲稱基督宗教是猶太教的唯一合法形式，而把基督宗教包裹在「古傳承」的合法外袍之內。不過，到頭來，此一策略的價值也很有限，主要還是靠著基督宗教的蓬勃成長，才讓該傳承一路撐到了西元第二世紀這段期間。

早期教會職務和崇拜方式

在整個第二和第三世紀這段期間裡，基督宗教開始快速成長，由東端的地中海盆地——巴勒斯坦和小亞細亞——一直傳到了西端的西班牙和北非，幾乎羅馬帝國主要的城市都找得到基督徒的重要聚集中心。到了第二世紀中期，羅馬本身也成立了三個獨立的聚會所。基督宗教的成長當然是肇因於各種因素，但是一個主要的因素就在於，基督教的教會跟帝國裡很多其他的新興宗教都不一樣，它主張一種平等的倫理觀，不但歡迎菁英人士加

入，也歡迎像婦女和奴隸這類社會邊緣人士的參與。不但如此，基督教會的得救應允一方面給人以有關來世的安全感，而其教會重視慈善工作的表現，也爲提供了某種程度的社會安全——這在一個大多數人都生活於貧窮水準以下的帝國裡，實在是一項很大的吸引。

雖然有這樣快速的成長，但基督教會立刻或多或少地展現出結構性的統一。彌賽亞耶穌第二次來臨很顯然有一段時間可等了，在這情況下，早幾十年那種急迫的**末世觀**（apocalypticism）已經被一種耐心等候的思潮所取代。個別的聚會所開始發展出許多可以長久生存的方法，以便將基督教的傳承一代一代的傳遞下去。於是獨立的教會便常圍繞一個三重的職務階級制度而組織起來。最高的職務爲**主教**（bishop，出自希臘文 episkopos，即「監督者」之意，天主教稱爲「主教」，基督教稱爲「監督」，以下將視該字使用之處而擇其一）。主教形成了聚會所的道德中心，而且是人與神之間的主要幹旋人。事實上，在早年，主教是唯一可以主持施洗和**聖餐**（Eucharist）的人。主教有一群得高望重的**教長**（希臘文爲 presbyters，priest 就是源自該字。此後天主教稱神父，基督教稱牧師）輔助。教長們除了要幫助主教執行禮儀工作外，也要負責相關的行政決定和處理會所的財務事宜。對於誰可以加入教會，他們也具有重要的影響力。最後，又發展出了**執事**（deacon，希臘文是「僕人」之意）的職務。執事有幾項重要的功能。他們要教導那些想在會所裡取得成員資格的人，確實幫助他們做好預備，可以加入教會。執事也要處理照顧教會裡的窮人、寡婦和孤兒的事情。

在第一世紀和第二世紀初的這段期間，教會裡的禮儀還是相當簡單的。因爲當時基督宗教還不是個合法的宗教，所以從事這

些禮儀一定得小心。因此，早期的基督徒被迫得把儀式局限在私人家庭裡舉行，有時也會在墓地和墳前。崇拜通常是在禮拜天舉行，這不但是為了紀念耶穌在那天復活，也是為了使基督宗教的崇拜跟會堂的崇拜有所區分。早期的基督徒崇拜通常分為兩部分。第一部分包括了由主教朗讀當時流通於世的部分耶穌生平，接下來則再講一篇道來闡釋它。儀式進行到這部分，會眾裡有沒有受過洗的人，都會被要求離開，以便進行第二部分的儀式。早期的教會裡，成員的身分是區分為還沒有受洗的**慕道友**（cate-chumens）和受過洗的正式教友兩類的。只有這些正式會友才可以親見並參與接下來的這個禮儀——聖餐禮拜（Eucharist，希臘文「感恩」之意）。

聖餐是當時的基督徒所保存著，那是基督宗教核心象徵，許多現代的基督教徒依然保存此傳統。因為它重塑了耶穌被釘十字架之前與門徒共享的最後晚餐，很可能就是逾越節餐。為了重塑此餐的情景，執事要遞一塊麵包和一杯酒給主教，象徵著這最後一餐的用餐成分。主教會祝福這麵包和酒，然後將其傳遞於受過洗的信徒之間，讓他們吃喝這些。就在這樣簡單的形式裡，聖餐給了受洗信徒一種強烈的耶穌臨在的經歷——這樣的經驗向來是以極其激勵人的莊嚴著稱的。因此，它一直受到強烈的捍衛，不讓那些沒有預備好的、沒有入教的，和沒有資格的人參與。等到領完聖餐，一場供應量很大，稱作**愛宴**（agape）的饗宴，便隨之開始，這不拘受洗的信徒還是慕道友都歡迎參加。不過，這頓飯可不像前面領聖餐時那樣的莊嚴肅穆，它所強調的是溫暖的團契和關懷喜樂。但是在經過多年以後，愛宴禮的那份歡愉漸漸被人視為不成體統、不符合聖餐的莊嚴氣氛，就這樣慢慢地不常舉行了，遺留下來的，就只有聖餐本身了。

當然洗禮則是早期教會裡重要性僅次於前者的一項禮儀，它的採行是因為福音書裡描述，耶穌曾在約旦河裡接受約翰的洗禮，而模仿採行的。在初期教會裡，洗禮是只給成人施行的，因為受洗的人都必須先接受過一段時間的教義教導（真理造就）才能受洗。但是是否接受這位慕道友為會友卻不是自動發生的，而是要得到全會眾的同意才行。就算大家達成了統一的決定，這位慕道友通常也得等到復活節期，才能真正接受這個施洗儀式，因為要到這個時期，唯一可以給人施洗的那位主教，才會造訪每個會所。不過，隨著時間的發展，在會所數目越來越多的情況下，主教顯然也不方便再逐一造訪所有的會所。於是領聖餐和施洗禮這兩件責任，就終於落到了教長的身上，他們是透過一項第三種禮儀方法──**按立**（ordination 聖職任命）──而特別獻身於這些工作的人。

古代末期教會裡所涉及的婦女角色，也顯示出西元第二和第三世紀這段期間，基督宗教日漸制度化的趨勢。最初婦女是可以自由參與在教會的組成部分裡的。福音書裡描述，耶穌的追隨者是男女皆有的，而且耶穌很多的財力支援都是來自婦女。保羅的書信裡也看得到婦女積極參與傳教；有些甚至還被保羅賦予了「使徒」的頭銜。很多初期教會聚會所在的教會房舍，都為婦女所擁有，而且他們也是早期會所的財力贊助人。在職務角色上，婦女也有擔任女執事、教導女性慕道友和管理貧窮救濟的。還有些則是公認的教會裡的先知，只是好像不見有何證據，足以顯示婦女被廣泛按立為神職人員。

不過經過了一段時間的發展，基督宗教婦女的角色逐漸受到了嚴格的限制，而這其中是有兩個理由的。第一，基督宗教在羅馬帝國的基礎日漸穩固之餘，它開始變得更為保守，教會的領袖

也急於顯示該信仰並非為一種革命勢力，而是羅馬文化所十分看重的家庭價值和國內秩序的維護者。當然這表示要逼迫婦女回到更為順服的姿態，並且回到傳統的妻子和母親的角色。造成婦女角色受限的第二個理由，則是因為婦女在當時會所裡得享較高領導者角色的事實，被教會裡的多數人視為**異端**（heresy）。於是教會為了疏遠這些團體，特別明訂婦女應處於完全從屬的地位，並高舉這樣的主張為**正統**（orthodoxy，即「正確信仰」）。事實上，此一新興的正統教會既然勒令禁止離婚和二次**婚姻**（marriage），並禁止避孕和墮胎，就對婦女的生活，設下了比其周遭羅馬文化所設立更大的限制。

古代末期流行的基督宗教

早期的基督徒除了有正式的教會崇拜以外，也發展出了各式各樣非正式或可稱之為「普及」的儀式。很多這類的儀式在本質上都是高度**融合性**（syncretic）的——也就是說，它們把很多異教作法裡的成分跟基督教的混合為一。這一點最易由聖徒和殉道者信仰發展成形的過程中窺其一斑。在西元第二和第三世紀的迫害之下，基督宗教的歷史裡開始充滿了那些甘為其信仰而犧牲之士的英雄故事。這些人被稱為**殉道者**（martyrs，來自希臘文 martus 一字，乃為「親眼目睹或見證」之意）。這些聖徒的墳墓和埋身之所也跟異教的英雄一樣，很快就吸引了大眾的信仰。一年一度的特別饗宴會在當地殉教者的墓前舉行，而接觸聖徒之墓也被認為具有醫治和驅鬼的功效。

為了因應這樣的信仰，基督教會便逐漸發展出了一套影響深遠的神學理論，以解釋這些殉道者的力量。殉道被教導成一種對耶穌拯救能力之信心的行動證明，因此殉道者是立刻被接進天國

去的。這些殉道者無須像一般基督徒一樣，要等到末世全面性的復活時，才得見上帝的面。為此之故，殉道者被認為是處於上帝和世上仍活存者間一個斡旋者的地位上的。向這些殉道者禱告被視為是一種能影響上帝意志最有效的方法，而殉道者遺留下來的現世**遺骸**（relics）也被視為是一種有極大靈力的東西。

經過了好幾世紀，殉道者代求的神學理論也被延伸到那些被認為一生過聖潔生活的人身上，只是他們不見得做了殉道之舉。這些人被稱為**聖徒**（saints，拉丁文為 sancts，意為神聖之意），他們被認為擁有跟殉道者死後為人代求的相同能力。他們的墳墓也開始引來了同樣的狂熱崇拜，理由也跟前者相同。這些聖徒的遺骸也被認為擁有跟殉道者一樣的力量，甚至這些遺骸的買賣和偷竊也經常發生。聖徒崇拜和殉道者的信仰變成教會生活裡極重要的一部分，以至於重尋城鎮裡那些「被遺忘」而沒有聖徒之墓的聖徒和殉教者的安息之所，也成為非常普遍的事。通常這些地點都是透過夢或是異象而顯露的，而且一旦被發現了，遺體就會給遷移到一個更合適的地點去，那通常會是一個原為異教神龕，現在成為基督徒接收使用的所在。很多當地舊有的神祇就這樣給同化成了基督教的聖徒。

基督徒護教學中希伯來與希臘的世界觀

同時，另一種更自覺的融合類型在基督教的世界裡出現。在基督宗教建立起一種更高形象之際，教會的思想家便面臨了要賦予基督宗教類似於希臘哲學的那種理智上合法性的挑戰。這些教會的思想家被稱為**護教家**（apologost），一個衍生自希臘文裡表示「防禦」意義的詞語。他們大部分的工作，包括了要以週遭希臘世界裡各種不同的神學和宇宙觀假設理論——特別是那些源自柏

拉圖（約 427-347BC）著作，被稱爲新柏拉圖主義的思想——來作爲參考，重新解釋耶穌的信息。這樣的工作聽起來簡單，做起來可不容易，而基督宗教也因著所從事這種哲學性的綜合歸納，而永遠的改變了。

基督宗教出自猶太環境，而其早期哲學也都是建立在希伯來的世界觀上的預設。世界觀的產生，是因著大多數人類都有一種想知道自己在宇宙中的地位——包括物理性與隱喻性的地位——的直覺性需要。雖然世界觀不能用一系列簡單的命題來列出其綱要，但是有兩項因素是希伯來世界觀極爲突出的因素還是可以指明的。第一個成分是神學性的：對猶太人來說，上帝通常是被體認爲與人性作全然區隔的。人類的存在是按著上帝的形象被創造，但是這件事本身不會影響到上帝永恆的超越性。第二個因素則是宇宙論的：創造是善的。不管有多少邪惡會妨礙它，但這個物質世界總歸是上帝的一份禮物，也因而是給人類的一項恩惠。這兩種觀念就形成了猶太人和早期基督徒的思想中不可磨滅的知識性背景。事實上，對早期基督徒來說，耶穌的犧牲之所以如此重要，不但是因爲上帝道成肉身，又允許此一肉身被殺害，更是因爲此舉也顯示出，上帝犧牲了祂自己的超越性——雖然只是很短的一段時間。

但是，一旦基督宗教進入了希臘世界，它便發現自身進了此二命題全然顛倒的哲學環境裡。很多希臘人相信，人類存在是兼具靈性和物質性質的混合體。人類的靈魂是靈性的，因此可以以某種方式直接與所有靈魂的超越性泉源相連，有些人所稱爲「唯一」，或是「上帝」。因爲這種連接的緣故，雖然，很多靈魂被禁錮在物質性的身體裡，對於這種渴望的眞實本質一無所知，但人類的靈魂自然是渴望著與上帝重新聯合。事實上，對新柏拉圖

主義者而言，這個物質世界是個需要逃離的世界，因此他們不是帶著冷淡，就是帶著敵意地蔑視這個世界。在新柏拉圖主義者看來，在理念上，最好是能以嚴格的禁慾來過此一生，以便讓靈魂可以專心致力於與上帝重新聯合的**神祕的**(mystical)努力上。

希臘的世界觀在古老世界傳之甚廣，它某些概念很快地就進入了基督徒的議題上。像保羅就曾在他的一些寫給教會的書信裡，使用到這種希臘哲學的語言。不但如此，寫成於西元九六年這段期間的約翰福音，也顯然受到了這種希臘的影響，而且使用到了新柏拉圖主義的專門術語。有些基督教的護教家，像是朱特利安(Tertullian，約160-225)，就十分抵擋這種朝向新柏拉圖主義的轉變，而像是朱斯丁‧瑪陀(Justin Martyr，約100-65)之類的人，則是努力要在基督教的架構裡協調這兩種世界觀。但是這兩種世界觀基本上是無法協調的。一方面，希伯來式的基督宗教闡釋是認為，對人與神、物質與靈性之間的那道永恆鴻溝的認知，是維持人與上帝之間聖約的基本條件；事實上，唯有透過在物質世界裡所採取的那些行動來承認上帝的絕對超越性，得救才有其可能。另一方面，新柏拉圖式的基督宗教則瓦解了神與人之間的距離，使上帝內在存於人類的靈魂之中，而視物質世界為一項危險的阻礙。

這兩派的基督宗教都各有其支持者，而且很快地教會分離運動便開始出現。有一個曾與正統基督宗教成功拼鬥了好一陣子的這類運動，就是基督教的諾斯底主義。**諾斯底主義**(Gnosticism)來自希臘文(gnosis)，意指知識，這裡指向為少數人揭示的特殊的知識。諾斯底主義很可能起於基督宗教之前，而且代表了猶太人、波斯人和希臘人的一種混合觀念。諾斯底人，也跟新柏拉圖主義者一樣，敏銳地把物質世界從精神世界分離。諾斯底主義者

教導，物質是邪惡的，其實受造物不是上帝的作品，而是一些較低等神祇的作為。根據諾斯底主義的基督徒的說法，耶穌的重要性就在於他把祕密的知識帶來人間，這就是從物質世界解放人類靈魂，讓它可以達到永生的知識。這些人士更指出，這種神祕的知識已經透過接連好幾位特定的諾斯底導師傳遞了下來，而且只排他性的單向一群屬靈的菁英揭露。諾斯底主義者教導大家，耶穌來到人間不是為所有的人類犧牲，而是要把特殊的知識帶給少數的菁英。事實上，諾斯底主義終究未能超越正統基督宗教的唯一理由，就是因為它的成長受到了它所主張的這種排他性的阻礙。

　　隨著時間的發展，基督徒的正統派也被迫得針對希臘的世界觀，採取一種更有創造性且更能調適的態度。這一點可由正統基督徒的**修道院制度**（monasticism）興起所作的反應看出來。僧侶（monastics 或 monks）是一群想藉由自社會和情慾世界裡退出，追求一種默想的生活，以期能夠過著更純淨的基督徒生活。修院生活很明顯的受到了新柏拉圖式的禁慾主義倫理觀的影響，它在西元三世紀這段期間興起於埃及，而且很快就向外傳播開來，並在西元第四世紀這段期間，一直傳到了巴勒斯坦和小亞細亞。正統基督徒相當關切此一運動的發展，因為僧侶通常都很排斥教會的權威和其做法，這是他們對世界之大範圍排斥裡的一部分。不過，正統教會沒有像當年待諾斯底主義那般的對此一做法展開撻伐，而是設法將此一運動吸納進來。例如，正統派的阿塔納修斯（Athanasius，約為269-373）主教，就曾寫了一篇有關一位著名的早期僧侶，埃及的安東尼的傳記（Anthony of Egypt，356）。在這個傳記裡，安東尼被重塑成一個儘管禁慾，信仰卻極為正統的人。於是《安東尼的一生》（*The Life of Anthony*）便為理想的

正統僧侶提供了一個模範。後來，另一位主教，大巴西勒(Basil the Great)更明確地制定了正統派僧侶在**修道院**(monastery)裡過集體生活的生活準則。大巴西勒強調一種以服務教會和團體的生活，來調和禁慾生活的平衡做法。有些修道院也會提供醫療服務和貧困救濟，稍後甚至還成為一種學術中心，以及正統基督教訓練主教和傳教士的地方。

基督徒的聖典確立

與此同時，**聖典**(list 或 canon)的確立，也是造成希伯來和希臘世界觀之間的另一衝突，它隱含著彼此間發展的傳承問題，正統基督宗教主張確定要以某些文件作為其固定的聖典。為了哪些才是基督徒該讀的文件而起的一番辯論，那是因為西元第二世紀早期一個稱作瑪西昂主義(Marcionism)的基督教分離運動的興起而產生的。瑪西昂(約 160)是來自小亞細亞的一位富有的造船商，他特別遷移到羅馬去加入那裡的基督教會。約在一四〇年的那段期間，瑪西昂跟會所起了衝突，而自行成立了自己的一個會所。由於瑪西昂否認希伯來聖經裡的神和四福音書裡的神是同一位神，情況因而變得非常緊張。瑪西昂認為希伯來聖經裡的神是一位愛報復的憤怒的神，而耶穌這位神卻是一位光明與愛的神。於是在受到諾斯底思想的影響下，瑪西昂把希伯來聖經裡的神當成那種小神，而耶穌這位神則是屬於柏拉圖式的「唯一」(One)。因此，瑪西昂教導他的追隨者，希伯來聖經的可信性應予以放棄，而所有視希伯來聖經為可信的基督教的傳承裡的文件也都該拋棄。因此，瑪西昂的聖典裡只包括了路加福音和保羅的書信，而且就連這些文件，瑪西昂也特別將其中以正面態度提及希伯來聖經的段落全數刪除。

對正統基督教會來說，這是不能接受的。耶穌彌賽亞身分的諸多證據之一，就在於他的一生完成了希伯來聖經裡的預言。就是此一連續性來源增加了該傳承的份量。因此，在部分理由是為了回應瑪西昂的情況下，正統基督教會決定必須確定清楚，究竟哪些書籍是可以永遠合於規範的。這並不是一件簡單的工作，因為我們要記得，這個時候世上還流傳著許許多多的基督教的文件，大家都自詡為正當。除了我們今日所熟悉的四福音書和使徒行傳以外，當時廣為流傳的經文還有：湯瑪士福音，真理福音，馬太福音下，彼得行傳，約翰行傳，等等。這些經文大多都明顯受到了諾斯底思想的影響，且立刻受到摒棄。但是另一些經文的情況就不是那麼清楚。一直要到經過了一場持續到西元三八七年那段期間的辯論之後，正統派的聖典才終於有了定論。它不只包括了「舊」約（希伯來聖經），也包括了共同合成「新」約的其他二十七本經書和信件。新約裡包含了等觀福音書（馬可、馬太和路加），路加寫成的使徒行傳和保羅的書信，以及其他早期宣教士的精選書信。起初，約翰福音裡極重的新柏拉圖主義的強調方式，使這部福音書頗受人懷疑，但是後來它還是得到了正統派的接納；而約翰的啟示錄，這部有關耶穌第二次再來的預言經書也是一樣。

　　基督宗教在耶穌死後的幾十年裡，變成了一個真正國際性的宗教傳承，而且，正如前面我們已經看到的，基督宗教的多重繁複性，也反應出古代末期羅馬帝國裡文化的多樣性。不論是菁英層次還是一般大眾層次上，融合都是一種廣泛的現象，而且是此一正發展中傳承裡很自然的一個部分。另一方面，我們也看到，在此多樣性之前，出現了一股想要使該傳承統一並同質化的強大慾望。確立的聖典，修道院制度的吸納，以及婦女角色的受限，

都是用以創造一個單一正統的一些手段而已。在下一章裡，我們會討論一樣更有力的保衛正統基督宗教範疇、對抗各種競爭性基督宗教型態的工具。這就是基督教國家的政教概念。

註　釋

1. John Taylor，＜基督宗教的未來＞（The Future of Christianity）出自 John Mc-Manners 編之《牛津圖解基督宗教史》（*The Oxford Illustrated History of Christianity*）（Oxford：Oxford University Press, 1992）：　634。

2. 以下有關歷史上記載之耶穌和十架彌賽亞問題之討論，主要是根據 John Dominic Crossan 所著《歷史上的耶穌：一位地中海邊村夫的一生》（*The Historical Jesus*：*The Life of a Mediterranean Peasant*）（San Francisco：HaperSan-Franscisco, 1992）和 Paula Friedriksen 之《由耶穌到基督：新約耶穌形象之起源》（*From Jesus to Christ*：*The Origins of the New Testament Images of Jesus*）（New Haven：Yale University Press, 1988）。有關此一爭議問題的其他更傳統之看法參見，例如 Burton L. Mack 所著之《一個純眞之神話：馬可和基督徒的起源》（*A Myth of Innocence*：*Mark and Christian Origins*）（Philadelphia：Fortress Press, 1988）或是 Luke Timothy Johnson 所作，《眞正的耶穌：一場尋找歷史記載之耶穌和傳統福音眞理之被誤導之追尋》（*The Real Jesus*：*The Misguided Quest for the Historical Jesus and the Truth of the Traditional Gospels*）（San Francisco：HaperSanFrancisco, 1996）。

3. 此一有關西方聖徒之興起的理論，出自 Peter Brown 所作《聖徒信仰：它在羅馬天主教裡的興起和功能》（*The Cult of the Saints*：*Its Rise and Function in Latin Christianity*）（Chicago：University of Chicago Press, 1981）。

基督教國家的概念：
古代末期至中世紀的基督宗教
The Concept of Christendom

3

前　言

在一九六四年六月十四日那天，教宗保祿六世飛往耶路撒冷，跟君士坦丁堡的總主教阿特納哥拉斯一世（Athenagoras I）會面。這場羅馬天主教教會領袖與東正教領袖間的正式會面是一件了不起的大事。因為有一千多年的時間，基督宗教裡的這兩大教派都保持著很有敵意的分離，彼此之間幾乎沒有任何正式的溝通。但是在耶路撒冷的這一天，兩位領袖在這個時代裡，第一次同意要就兩大派的復合可能性，展開正式對談。這之後不久，東正教與天主教之間的對談委員會便成立了。從那以後，該委員會就進行積極的討論，只是邁向合一的進展至今仍然是緩慢且痛苦。

西元一九六四年的這場教宗與總主教的會面，可以說是基督宗教史（也許是世界上所有的宗教傳承）上傳之已久的一種慾望的最新明顯表示，亦即渴求統一的期望。人類對秩序的追求，是要以宗教領域裡的「正統（正確信仰）」（orthodoxy）和「**正確做**

法 」（Orthopraxy）為前提的，而人類也會很自然地想透過制度性的合一和其他方法來保住這些。當然，在長久下來，因著人類想像力、世界觀、政治力量、社會經濟組織間的持續發展和動態性的相異流行中交互作用，終必將導致改變和分裂。但是，期待宗教合一的願望卻永遠都很強烈。

基督宗教期望全球合一的夢想，更是特別強烈。這當然是因為各種不同的理由，但是有一個歷史因素也許會是它最重要的原因。在古代末期——我們也許可以將其稱為該傳承發展過程中的推展期——基督宗教成了羅馬帝國的國教。在這樣的情況下，整個帝國的政治力量都投入於此，成為此一追求基督宗教合一目標背後的支撐力量，而這樣的追求，都還只能在地方的層次上，零星進行。雖然今天我們從歷史眼光的後知之明來看，顯然羅馬帝國從來就沒有達成過整個帝國的統一，但是這個時期裡倒確實開發了它所具有的一種強而有力的認知。我們稱此一認知為基督教國家（Christendom）的意識型態。它把此一古老的羅馬思想，就是各地的基督徒應該聯合成一個全球性國家的觀念，保存了幾世紀之久。稍後我們就會在本章和下一章裡看出來，此種基督教國家的意識型態經證實，是極其頑強的。但是，正如我們也將看到的，儘管經過這許多逆勢運作的努力，此一傳承的自然發展趨勢，卻依然是走向多樣化，而不是合而為一。

基督宗教的羅馬化

最早的基督徒的傳教活動主要都是以帶領都市人民皈依此一信仰為目標，而這也大大的影響到後來教會的「羅馬化」。事實上，像保羅之類的傳教士都是以羅馬各省的地方性首府為其特定目標的。一旦在這個地方建立起了會所，該省首府的主教就會派

出教士，到四周村莊去組織地方會所。然後這些鄉間的會所會逐漸選出他們自己的教士(神父、牧師)，不過這些選舉都得經過主教的批准認可。這樣主教就不只控制了他自己的會眾，也成為此一省份首府四周諸村落所有會所的重心。很快地這些主教之間便產生了一種實際的協議，同意尊重以羅馬內政的疆界為其本身控制的疆界。在羅馬帝國的東部，此一領土的單位稱之為「轄區」(diocese;希臘文為「省」的意思)，因此一位主教的對應領土控管單位，就是一個省。同樣的，希臘文裡表示鄰近地方的字──也就是圍繞一個村莊附近的地區──是「帕洛伊奇亞」(paroikia，英文教區 parish 得自於此)。

羅馬帝國裡有些主要的城市，因為其人口的規模和其政治與經濟上的重要性，常被視為其所屬地區裡的主要城市：安提阿(Antioch)就是這樣一個城市，以弗所(Ephesus)也是一個，亞歷山大又是一個。羅馬，作為此一帝國的首都，當然也是這樣一個城市。於是這些城市裡的主教開始對其所屬地區裡其他主教施加影響力，替他們排難解紛，提供建議。在帝國東部，這樣一位主教是按照聖經過往的稱呼，被稱之為總主教(patriarch)的。而羅馬的這位「超級主教」則是源自拉丁文裡表示「父親」(pater)一字，而被稱為教宗(pope)。

羅馬的這些教宗們特別熱衷於施展其權威於其他主教之上。羅馬的會所早在第一世紀初就已建立，比耶路撒冷教會的成立晚不了多少。多年來，一個接一個手腕靈活的主教在此主事，他們不但穩定地增加了會眾的規模，也設法吸引許多來自羅馬上層階級的成員加入，他們大方捐贈金錢與財產給教會。羅馬的主教也支持在義大利中部各地強力推展傳教運動，而且到了第二世紀時，沒有幾百個，也有幾十個的會所又加併了進來。由於這些主

教在羅馬擁有有力地位，很自然地也開始了一項以財力支援帝國各地的極具企圖心的計畫。羅馬會眾中既有些非常富有的成員，這些羅馬主教也就有能力長時間負擔這樣的工作。最後，羅馬的主教們便開始宣稱，他們的使命就是在促使所有個別會所統一在一個合一的或是「普世的」（天主教的英文 catholic，在拉丁文裡就是「普世的」意思）教會之內。可是東帝國的那些總主教當然無法接受這樣的奪權之舉，因而繼續以高度的獨立精神自行管理其羊群。這麼一來，羅馬教宗和東帝國總主教之間的齟齬便日漸惡化了。

君士坦丁的歸信和基督教國家的創立

羅馬教宗和東帝國總主教間的權力鬥爭當時到底發展到了怎樣的程度，我們只能憑空臆測，因為就在事情發展到不得不有所處理以前，另有一件事情發生，造成基督宗教發展上的轉變。西元三一二年時，一位名叫君士坦丁（Constantine，306-37）的羅馬將軍起而對抗羅馬帝國的控制。君士坦丁在羅馬城外跟其敵人之一馬克森提的軍隊遭遇，並打敗了對方。傳說指出，就在該戰役之前的那晚，君士坦丁的母親海倫娜（Helen，是一位基督徒）夢到一位天使告訴他，只要他的士兵盾牌上能加上代表基督的希臘文字符號，他就必能得勝。於是君士坦丁遵此而行，果然贏得了勝利，後來甚至得了天下。

此說當然純屬傳說，君士坦丁好像從來就沒受過洗。但是我們知道他為了鞏固自己的權力，在西元三一三年簽署了米蘭詔書（Edict of Milan），正式終止了對帝國內基督徒的迫害。而後在西元三二四年，當君士坦丁成為天下唯一的皇帝，他更讓基督宗教成為帝國內合法認可的宗教。同時，君士坦丁也開始積極推廣

基督宗教。他在羅馬和後來遷至小亞細亞的新首都君士坦丁堡，都捐贈了大量金錢，來修築壯麗的教堂。君士坦丁也致力於把耶路撒冷由湮沒之中重建起來，而修築聖墓（Holy Sepulchre）中原先的教堂。

君士坦丁努力在教會管理中扮演更主動的角色。事實上，他自承的目標，就是要統一帝國內的所有會所，使成為一個中央集權的組織。但是妨礙這樣一個野心勃勃計畫的問題之一，就在於截至當時都還沒有一套能為所有基督教會所接納的基督教的教義。所以，當西元三二四年出現了一次神學大爭議時，這位皇帝便抓住機會，把帝國境內所有的主教都召聚了來，舉行一次會議，目的就是要定出一個一致的教義論說，也就是**信經**（creed），以期能把所有基督徒都結合起來。這就是第一次的大公會議，地點是在小亞細亞的尼西亞（Nicea）。大公會議裡的大公這個詞的英文 Ecumenical，在希臘文的意義為「普世」（universal），這個會議會起這樣一個名字，就是因為它應該是由帝國境內所有主教共同參加的。不過，到後來，該會議主要還是由東帝國的主教參加，只是其討論獲致的結論倒是影響遍及全帝國。

促成此一會議產生的那個神學爭議，是一個涉及耶穌神性的議題。自從耶穌最初被認證為彌賽亞以來，他的神性就為大部分的基督徒所深信不疑。但是他神性的確實本質卻一直沒有定論。西元三二五年前幾年，有一位由亞歷山大城來的名叫阿里烏（Arius，約250-336）的神職人員開始教導大眾，耶穌並不是永恆的存有，而是上帝在某一時刻所創造的。此一立場讓耶穌成為雖具神性，卻要比上帝卑微一點的神祇。阿里烏的主教亞歷山大（Alexander，328）不認同此一議論，他認為耶穌就是上帝，而且是永恆存在著的。但是阿里烏得到教會一般大眾中廣泛的支

持，而使得此一爭議頗有導致教會分裂之虞。

　　君士坦丁就是在此時插手進來，下令召開尼西亞會議的。在支持阿里烏和亞歷山大兩派人士的激辯中扮演主辯人的角色。最後是亞歷山大這派人士佔了上風。從此耶穌和上帝間是同質同體（hormoousios）的關係，也就是說，耶穌和上帝是出自同一個實體的等同的存有者。事實上，此一會議讓該立場擴展到，將**聖靈**（Holy Spirit）也一併納入，創造了一個三部分的神格（性），也就是西方所稱的**三位一體**（Trinity）。尼西亞會議的具體成果是形成了一套高舉此三位一體教義的信經，而明確地排除了阿里烏主義。

　　後來一共又經過了三次針對尼西亞信經而召開的會議，才終於讓此一信條定案，但是君士坦丁卻對當時這些結果很感滿意，教會的合一也似乎變得實際可行了。另外一點十分重要的事，如今這位皇帝成了基督教會據之運作的樞紐：從此，在很多人的心目中，教會和國家成為合一的整體。當然這些認知並不正確。基督宗教成為羅馬帝國裡的官方宗教，尚須等到西元三八四年一位皇帝的大力促成。不但如此，君士坦丁的繼承人，其子君士坦提烏斯（Constantius），就是個主張阿里烏派的信徒，而君士坦提烏斯的繼任者更企圖恢復多神教的信仰，所以整個帝國很快就又落入了宗教的混亂裡。儘管如此，基督教國家的思想——一統的基督徒國家——還是就此奠下基礎，而且就連西元第四和第五世紀羅馬帝國的分崩離析也未曾動搖此一根基。

禮拜年的發展

　　基督宗教成為羅馬帝國裡許多地區的主要信仰之後，連整年年曆都終至囊括在基督教的目的之下。在古代末期和中世紀之間

的這個過渡期裡，基督教的禮拜年發展了起來，其中分成了六個主要的節日：耶誕節（Christmas）、主顯節（Epiphany）、受難日（Good Friday）、復活節（Easter）、升天節（Ascension），和五旬節（Pentecost，聖靈降臨節 Whitsun）。這些節日中的前五個是在紀念耶穌一生裡的事件。耶誕節慶祝耶穌的誕生；主顯日紀念耶穌的受洗（在東正教裡）或是東帝國三賢士的敬拜（在西羅馬帝國裡）；受難日紀念耶穌的死亡；復活主日，在紀念耶穌的復活；升天節則紀念耶穌最後的升天。另外，五旬節則是慶祝**聖靈**（Holy Spirit）降臨在耶路撒冷最早的基督徒之間，此一事件傳統上被視為代表第一所基督教會的成立。

有關此一結構發展的細節，如今已經難以追溯，而且至今仍是一個很有學術爭議性的事件。事實上，在早期基督教會裡，其實際做法是常因地制宜的，不過到了西元第四世紀，就已經有相

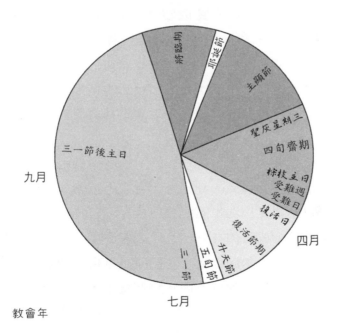

教會年

當一致的基督教年的結構出現。這六個節日裡有四個可以追溯到基督宗教的猶太根源：受難日和復活節符合紀念逾越節的時間；五旬節和升天節，則是符合猶太的七七節（Shavuot）。猶太的節日是會更動的節慶，換句話說，他們的日期每年不一樣，要根據春分之後的第一個滿月來計算。因此過了一段時間以後，這就導致了教會之間嚴重的不一。由於東西兩半的帝國各自使用了不同的曆法，因此復活節的確切日期也沒有定論——該爭議後來也成為一個象徵，代表東西羅馬帝國之間日益擴大的鴻溝。另一方面，耶誕節和主顯節則是由基督教的傳承獨立發展而成的，而且各有其特定的日期，即十二月廿五日和一月六日。

這些節日會自覺性的組織成一個全囊括性的基督教年，其刺激似乎是來自於耶路撒冷。這個城市在自從西元四世紀以來，已經成了一個最重要的朝聖地。耶路撒冷禮拜最重要的革新之一，就是將復活節的紀念延展成受難週，把棕枝主日（Palm Sundey，耶穌進入耶路撒冷城）和最後晚餐日均一併納入。由耶路撒冷回來的朝聖客常會跟家鄉的人談論他們在那裡的見聞和經歷。耶路撒冷既是耶穌生活、死亡和復活的城市，它的禮拜方式——就像是受難週這類的做法——常會對基督徒的世界造成極大的影響。

隨著基督宗教的建立，教會裡的另一些禮儀也開始出現重大的轉變。因為現在基督徒的身分是配合羅馬帝國公民的身分一起擴張的，所以給嬰兒施洗也迅速發展成一種常見的儀式。於是洗禮不但象徵著教會成員的身分，也代表著羅馬社會成員的身分。當然在孩子達到懂事年齡之後，他們還是得再接受宗教教育，但是現在他或她的初信造就將占據其整個童年，要到進入青春期接受了**堅振禮**（confirmation）之後才告結束。洗禮固然賦予人以成

為教會一員的資格，但唯有受過了堅振禮，此人才能接受聖餐中的酒與餅。

中世紀的初期

　　羅馬在西元四一〇年為北方部族所困，實際奪去了那位君士坦丁堡城內皇帝對帝國西面的半壁江山。但是此一事件之前幾十年，該帝國東西兩壁江山其實就已經漸行漸遠。地理的因素讓這個帝國很難由一個中央集權的首都來行使有效的管理，而講拉丁語的西羅馬跟講希臘語的東羅馬這種文化上的區隔，更讓此一問題益形嚴重。因此基督宗教自然無法免於該分裂之離心趨勢的影響所及。君士坦丁堡、亞歷山大城、安提阿和耶路撒冷的總主教各自心懷妒意地守住其自身的獨立，從來就沒有真正接受過這位羅馬的教宗。不但如此，儘管大公會議被迫承認了羅馬君臨天下的第一教會身分，但是在西元三二五年以來，羅馬皇帝便定居於君士坦丁堡的情勢下，想要它屈居羅馬之下，顯然也屬無稽。此外，神學的問題也讓東西帝國分裂。很多西羅馬的基督徒都無法適然於，視耶穌與上帝為同一實體（homoousios，同質同體）的觀念，於是他們便將之嵌入一個「極微小」變化的語詞，使他們成為「相似的實體」（homoiousios，同質異體）。此事看似微小，卻是羅馬和東帝國諸主教間的一個定義性議題。隨著羅馬的淪陷，這些宗教差異到了不得不處理的地步，而東帝國的主教也一致同意以君士坦丁堡總主教為首。自此，我們就可以說基督宗教出現了兩個明確的支派：以羅馬教宗為主的羅馬天主教，和以君士坦丁堡總主教為核心的東正教（今日的伊斯坦堡）。

　　在東帝國裡（現在稱為拜占庭帝國），皇帝官方地位還一直維持到十五世紀。在這幾百年裡，這些皇帝們繼續成為東正教會裡

的實質領袖，常常舉行會議，干涉宗教事務。就某種意義來說，君士坦丁當年的夢想可以說是在拜占庭教會實際隨著國家一同擴展之際，得到了實現。但是這並不能阻止東正教世界的分裂。第五和第六世紀裡，因為政治和神學的緣故，衣索匹亞、亞美尼亞、叙利亞，和聶斯托利派（Nestorian）教會，都紛紛自君士坦丁堡的領導下脫離出來，早先則還有埃及的科普特基督徒（Coptic Christians）。這樣的分離主義（schism）更因為受到第七世紀末伊斯蘭教興起的影響，而顯得益形嚴重。在一百年內，伊斯蘭教的軍隊就征服了古代基督教徒的心臟地帶，而由北非一路打到了小亞細亞。有時候，伊斯蘭教徒的征服其實是因為當地基督徒急於排除君士坦丁堡的控制而水到渠成的。不過，讓人驚奇的是，拜占庭帝國居然還能抵擋伊斯蘭教的侵入近乎七百年的時間，要到西元一四五三年君士坦丁堡才終於陷落在土耳其人的手中。

俄羅斯的東正教

拜占庭教會為伊斯蘭教所奪而形成的損失，部分終於在中世紀裡，因著傳教工作在北方俄羅斯大草原和西方巴爾幹國家裡大有斬獲，而取得了補償。這些以斯拉夫語民族間的傳教工作，是由西里爾（Cyril，826-69）和美多烏狄斯（Methodius，約815-85）開拓的，兩人還合力為斯拉夫語言整理了一套書寫文字（斯拉夫字母）。在第九世紀初期，保加利亞和塞爾維亞人都接受了君士坦丁堡的信仰。而在西元八六〇年的這十年間，俄羅斯人也皈依了東正教，並且獲派了一位拜占庭主教，居於基輔（Kiev）。一個世紀後東正教被定為俄國的國教。多年過去，俄羅斯的政治重心已由基輔移往莫斯科，其宗教中心便也隨之移轉；因此自西元一三二八年起，俄羅斯教會的領袖就定居於莫斯科了。

漸漸地，除俄羅斯教會外，所有的斯拉夫教會都落到了伊斯蘭教的統治之下。於是莫斯科的主教便在西元一五八九年趁機自我提升爲總主教之職。在君士坦丁堡已經陷落的情況下，莫斯科便成了第三羅馬和所有基督教國家的中心。有趣的是，此舉幾乎讓俄羅斯教會分裂爲二，各自宣稱擁有代表全體基督徒合一的地位。就像拜占庭諸皇一樣，俄國的沙皇（Tsar，由拉丁文「凱薩」Caesar 轉換而來）也試圖促成俄國教會更加順服於國家。而另方面，莫斯科的總主教尼康（Nikon，1605-81）卻一心對抗這樣的趨勢，主張教會有超越國家之上的道德權力。不但如此，尼康還希望俄國教會可以擁有支配整個東正教的力量，爲達成這樣的目的，這位總主教甚至大幅修改了俄國的禮拜方式，使之更能與傳之更廣的希臘做法一致。尼康此舉不但爲沙皇所反對，也受到自己教會中保守人士的質疑，他們視該變更俄國禮拜式之舉，爲褻瀆神聖之事。最後尼康更動的禮拜儀式固然保持了下來，但也造成了一群爲數多、卻熱心有餘的舊禮儀派團體跟教會的決裂。尼康自己也遭到罷黜，而國家對俄國教會的影響力，也隨之增長。等到了西元一七二一年時，彼得大帝則乾脆廢除了莫斯科的總主教，讓俄國教會實際成爲國家官僚體系裡的一個部門。

中世紀的歐洲

歐洲的中世紀也演出了類似的國王和總主教角力的情況。只是在這裡，情勢倒多有利於羅馬的教宗，而非國王。西羅馬帝國的陷落遺下了一個虛空的勢力空間，而當時唯有教宗之職才具備填充該空間的立場。隨著羅馬內政制度的崩潰，歐洲的生活焦點也變得益發本土化與農村化，而部族的對抗妨礙了地域性權力的鞏固。另一方面，教宗之職卻維持了一個相當明確的權力階級制

度（hierarchy），由羅馬的主事者向外擴至鄉間的主教，形成體系。羅馬也向英倫半島和北歐進行積極傳教，設法把以前的異教民族帶到天主教的範圍之內。這樣，羅馬將其影響力帶到廣泛的歐洲各地，是當地的公權力所無能做到的。此外，羅馬的天主教會也成為歐洲最大的地主之一。

代表教宗權力到達最高點的象徵，出現於西元十三世紀。這段時期，法國、德國和英國雖然都出現了強勢的政治領導人，教宗卻依然掌控他們。事實上，有一小段時間，在教宗純真三世（Pope Innocent III，1160-1216）的統治下，歐洲甚至統一於教宗的控制下。到了該世紀末，教宗卜尼法斯八世（Pope Boniface VIII，約1234-303）更在教宗正式行文的唯至聖詔書（Unam Sanctam）裡公佈，各地方所有的世俗權力都必須臣服於教宗之下。不過，儘管當時看來，大一統的基督教國家時代似乎就已經指日可待了，但這樣的合一畢竟並沒有維持多久。因為在西元十三世紀結束之前，歐洲就已經漸由以土地為基礎的經濟，轉換為現金經濟，造成了教宗財務狀況的惡化。這同時，國家主義的情緒高漲開始不利於中央集權。後者更是造成十四世紀裡教宗勢力衰退的重要因素。在教宗試圖介入英法兩國之間，史稱百年戰爭（the Hundred Year's War）的軍事衝突時，這兩個國家的統治者便對教會和神職人員展開攻擊，指其為外國勢力的代理人。這場惡鬥最後甚至造成了教宗之職的分裂，同時選舉出了兩位教宗，一個效忠英國，另一個則效忠法國。雖然這場「西方教會大分裂」（1309-77）最後還是得到復元，但是經過了這次事件，教宗一職也永遠地失去了它在歐洲政治上的最高地位。

教堂和大學

就在教宗的命運起落之際，歐洲本身也在中世紀的後期裡經歷了驚人的轉變。地方經濟快速成長，貿易擴張，城鎮又再一次成為歐洲景觀的普遍特色。就這樣，亮麗的都市文化興起；在那裡，藝術和科學開始以越來越快的步伐成長興旺。或許此一轉變中最具象徵性的，就是該時期出現的哥德式大教堂，和一種新穎的高等學習機構——大學。

這種大教堂其實就是主教的座堂。英文裡的大教堂一字cathedral，原為 cathedra，意為「主教之椅」，是其職位的象徵。因此早自基督教的羅馬時代，就已經有大教堂了。只不過，從十二世紀開始，創新的工程技術得以與一套新的建築詞彙結合，創造了一種全新的教堂建築風格。這種新的建築風格起源於北歐，也就是古代哥德人的家鄉，因而被人稱為「哥德式」（Gothic）。跟以前的教堂比起來，哥德式教堂更高、更大，裝飾也更多。尖聳的拱門取代了圓形的拱門，牆壁也被設計成能裝得下成排的巨大彩色窗戶，讓新建築充滿了明亮的彩色光亮。這樣過了一陣子以後，巴黎、查爾特和亞眠等大城市，都開始相互較勁，要看看誰蓋的哥德式教堂最高、最壯麗。哥德式教堂的建造十分耗時，常常得花上成群技藝高超師傅們好幾年甚至好幾十年的時間來修建，因此它不但能作為一種基督徒虔誠心意的表白，也代表了日益提升的都市之傲。

對很多人而言，這種宏偉的大教堂代表了很多的東西。對一般歐洲人來說，它們有幾近於一道通往另一世界大門的意義。由鄉間進城來的人，一眼望見這種建築的龐然身量，就足以令人深深為之動容，而其垂直的空間設計更能激發人的敬畏與讚嘆。此

法國拉恩一座典型的
哥德式教堂

一石造建築本身，既是在少得驚人的支撐下高聳入雲，其鬼斧神
工的設計，簡直就像個神蹟。再配合上情緒反應，哥德式大教堂
也能給一般歐洲人以知性上的刺激。因為此種教堂的每一個表
面，從裡到外，幾乎都是經過精工裝飾的。不管轉向那個方向，
都必然會見到彩繪的壁畫、鑲嵌細工的圖飾、雕刻，或是色彩鮮
明的窗戶，而上面描繪的不是聖經上的景象或象徵，就是教會教
義的視覺表現。事實上，大多數的哥德式大教堂都是明顯設計成

能作為「窮人的聖經」的。教堂的建築者，都細心挑選了好些可立即為人(不拘其社會階級或教育程度)辨識出基督教的主題和象徵。因此，儘管當時一般歐洲人貧窮又不識字，但他們仍可「讀」此一哥德式大教堂，而人們也很可能因著這些造訪大教堂之行，而從中生出對基督教信仰的更大信心，以及對該信仰更深理解。

如果說歐洲的大教堂對一般普及信仰的發展極具重要性的話，那它們對西方一些更為菁英型態的基督宗教發展其實也是同等重要的。例如，早期的大學就是由歐洲的大教堂所生。在中世紀的早期，制度化的高等學習還是農村修道院的職責。但是，隨著城市的興起，教堂學校便成了更普及的選擇，因為都市的菁英人士更容易接觸和利用這樣的設施。這些教堂學校也跟修道院學校一樣，提供了以七項經典性古代文理科目為內容的課程：文法、邏輯、修辭學、算數、幾何、天文和音樂。在那些城市裡的許多教堂學校，教授和學生們常常團結一致捍衛自己的權利和特權。如此「學習」便產生所謂大學(universitas)。在多數城市裡，大學一直都跟教堂學校保持著密切的關係，但是在像巴黎和波隆拿這類較大的城市裡，這種大學則是由地方當局規劃獨立的機構，賦予它以自己的設施和建築。這種獨立的大學仍繼續教授傳統的七大文理科目，但是隨後不久就漸漸把課程拓展到將法律、醫藥，和神學都一併納入在內的局面。這就是現代西方大學的前驅。

這些新大學把歐洲激發到更高層次的知性的活力和複雜性，而由這些高等學習機構也進一步產生了更多的哲學與神學體系。這其中最具影響力的，就屬**士林哲學**(Scholasticism)。主張士林哲學的神學家主要是有志於以信仰來協調理性，並看出這二者的

受限之處。自從西元十二世紀以來，理性與信仰之間關係的問題，就變得越來越緊張，因爲古希臘哲學家亞里斯多德（Aristotle ，384-322BC 前後）的作品就是在這期間開始普及全歐的。亞里斯多德不像他的老師柏拉圖，在他的教導裡，精神事物的知識是可以經由理性的運作而確實獲得的。如此一來，啓示就變得相當不重要，因爲根據亞里斯多德的看法，人的理智可由物質世界歸納出上帝的眞實性。亞里斯多德之名既然如此受人尊崇，他的理性主義當然就也無法讓人忽視。因此，像坎特伯里的安塞姆（Anselm of Canterbury ，1033-1109）和彼得·隆巴底（Peter Lombard ，約1100-60）都傾其一生不斷與亞里斯多德哲學的隱意奮鬥。

在那時代的諸多士林哲學家中，應數多瑪斯·阿奎納（Thomas Aquinas ，1224-74）所創的信仰與理性的綜合最爲平衡，也最具影響力。在他《駁異大綱》（*Summa Contra Gentiles*）和《神學大全》（*Summa Theologica* ，該書的博大精深，使得一些人將它與宏偉的哥德式大教堂相比）的著作中，多瑪斯都設法顯示出，啓示固然超乎人的理性之上，但理性卻也能在補助啓示證明其眞理的可能性，這樣一來，理性便能加深人對此一信仰之拯救教義的理解，理性一項，則永遠也得不到如亞里斯多德所教的那些教義。雖然如此強有力的「多瑪斯主義」綜合論（"Thomist" synthesis），最後終於在西元十九世紀裡爲羅馬天主教公佈爲正式神學，但是它對於解決當時士林哲學的爭議，卻無所助益。有些像董斯史各都（Duns Scotus ，約1265-1308）和歐坎的威廉（William of Ockham ，約1285-1347）之類的神學家，都竭力攻擊「多瑪斯主義」綜合論，認爲他太過高舉人類理性的地位。可以想見的，另一些人則是由相反的角度來大肆撻伐。有時

候各方各派的士林哲學神學家，甚至不惜大費周章的花下冗長的篇幅來論證其觀點。但是，儘管多餘，它們倒確實未卜先知地預料到，這番為理性與啓示而生的諸多辯論，勢將持續困擾西方的基督宗教時至今日。

中世紀歐洲宗教儀式的演變

整個中世紀裡，羅馬天主教的教義和禮儀發生了重大的改變。在這段期間，在很多人的眼中，洗禮和聖餐都已經不只是一種紀念性的象徵了。它們成了**聖禮**（sacraments），乃是一種自然的行為，信徒心中認為，這些做法是可以與上帝恩寵直接且立即地交流。這樣的態度在當時歐洲稱為聖禮主義，它乃假設有些儀式只要施行就能予人以恩寵。這樣的定義所生出的問題，就在於大家無法協議究竟何者應為聖禮，何者則為僅具象徵意義而已。直到十二世紀，羅馬天主教都有三十多項聖禮。但是到了該世紀末，神學家隆巴底（Peter Lombard）終於將此一數目減縮到含於生活範疇內的七項儀式：洗禮（baptism）、堅振禮（confirmation）、聖餐（Eucharist）、告解（penance）、婚禮（marriage）、按立（ordination）、**臨終抹油禮**（extreme unction；為有病者做的抹油儀式）。最後，這七項聖禮得到了教會會議接納為正統，而且直到今日都為羅馬天主教所確認。

告解聖禮的發展（告解 penance 這個字的字面意義本為「處罰」），對西方的屬靈情況影響特別重大。告解是受洗後為所犯之罪求赦免的一種聖禮。在有告解的儀式以前，受洗之後所犯的罪是一種會導致**逐出教會**（excommunication；不准受聖餐）後果的大事。但是久而久之，有一種機制便為此而發展起來，讓罪人可以透過悔改的行為，也就是承認自己犯的罪，而跟教會重新和

聖　像

弗拉基米爾的聖母像（Virgin of Vladimir），十二世紀早期的聖畫像，莫斯科國立特列季亞科夫畫廊。

　　聖像（*icon*）崇拜是東正教傳之已久的古老習俗。早期的基督徒相信，耶穌和瑪麗亞，還有天使、聖徒和殉道者的圖像，是具有特別的代求和保護能力的。習慣上，聖像都是以鑲嵌製作，或是繪在上了漆的木板上，同時還一定伴有神職人員祝福的一些物件。由於這種聖像崇拜的風氣在東帝國的基督教裡盛行不衰，以至於拜占庭帝國的皇帝利奧三世，在擔心它會變成偶像崇拜的情況下，曾在第八世紀裡對此一做法展開了嚴厲的攻擊。東帝國的基督教因而分裂成了兩極化的兩個陣營：聖像破壞派（排斥聖像的一批人）和聖像支持者（接納聖像的一批人）。最後，聖像支持者佔了上風，他們主張，排斥聖像就是排斥道成肉身的耶穌自己，因為這兩者都是靈界生命的物質複本。從那時起，東正教的教堂裡就少不了聖像的存在，而聖像也成了是家庭崇拜裡流行的一種輔助物。

好。在西帝國，此一儀式披上了一件守法主義的外袍，把告解解釋為介於罪人與受傷的一方——上帝——之間的一種「彌補性的交換」。西元第四和第五世紀之間，羅馬天主教正式確立了告解的形式，每週都給人以告解的機會，並有兩整個季節專門供人做公開的認罪，即將臨期（耶誕節前的那段時間）和四旬齋節（復活節前那段時間）。這種告解的儀式變得如此重要，以至於到中世紀末的時候，它已經成為領聖餐前的必要動作了。

表面看起來，中世紀的基督徒在確定可以透過告解的聖禮而得到赦免以後，應該就不再會感到死後生命的可怕了。但其實並非如此。因為根據教會的教導，一個人今世的告解悔改是要持續到死後的，所以死後的懲罰仍然是一種非常真實的可能。**煉獄**（Purgatory）便是此一死後贖罪悔改的所在，雖然煉獄的折磨並非永久，卻總還是一個值得畏懼的地方。因此，中世紀的基督徒都急於尋求能減少將來在煉獄裡停留時間的方法，而願意參加各式各樣附加或旁支禮拜式的祈禱，因為這些都是教宗為之附有**赦罪**（indulgence）之功的事情。這樣的赦罪能保證信徒在參與了這種額外的祈禱以後，日後停留煉獄的時間，就可以有部分（通常是以日或年來計算的）的扣減，因而使他們進入天堂的時間提前。於是當時有各種形式的宗教儀式，包括由捐贈教堂到做某種禱告，甚至做宗教遊行，從事危險的旅行，以其前往墨西哥聖地牙哥的康波斯特拉之類的遙遠朝聖地的種種行徑，都分別具有能予人以不同程度赦罪功效的意義。就連戰爭，只要能得到教宗認可為**十字軍**（crusade，照字面解釋，即奉基督的十字架而進行的戰事），也可以為參與者賺得赦罪之功。而規模最大的一次十字軍行動，便是由十一世紀開始一直進行到十三世紀的一連串軍事探險任務，企圖把耶路撒冷及聖地由伊斯蘭教徒的手中奪回來。

東西教會漸行漸遠

　　中世紀裡，東西教會的大多數基督徒，都期盼著所有基督徒可以有再重新合一的一天。但是隨著時間的過去，東西教會間的復合，事實上越來越不可能。如同我們之前所見，自從羅馬覆亡以來，東西教會就各自在尋求完全歧的宗教途徑。所以很自然的，東西教會便演進成了兩個截然不同的傳承，各有其自身基督徒的風格。例如，東西教會就發展出了不同的聖禮。儘管羅馬天主教的聖禮後來衍生繁多，但是直到西元八世紀的時候，東正教的神學家還是只談兩種聖禮，亦即洗禮和聖餐。要到西元十七世紀，東正教才採行了西教會七大聖禮的教義，但即使是當時，東西兩邊的做法還是差異極大。舉例來說，在東正教裡，嬰兒是一受完洗禮，立即就行堅振禮的，而且其完全的教友身分一經認可，慣例上是從嬰兒起就可以領聖餐了。

　　東西教會間另一個更重要的聖禮上的差別，則涉及到男性按立的資格。本來從使徒時代以來，普世性的獨身主義就一直是基督徒的理想。只是隨著基督宗教的發展，這種做法業經證明為難以實行。早期教會的神父們既體認了這一點，便下命令至少神職人員應守獨身。但是這一點實行起來也有其困難，於是隨即有准許修士在按立以前還可以結婚的習俗。但按立後，結婚（或是妻子死後的再婚）便不被許可了。不過主教都還是要從守獨身的神職人員裡挑選的，這也意味著，實際上大多數的主教都出身僧侶之列。這種兩層次的制度在西元第六世紀得到了查士丁尼大帝（Emperor Justinian）的正式核准，而且至今仍為東正教行事作法之所本。羅馬的天主教有段時間也盛行類似的制度。但是在西帝國的神職人員很快就顯現出一種明顯現的趨勢，形成一種地方性

的世襲，允許教區父子相傳。這樣的習俗有效的斬傷了教宗中央集權的管理，於是這種兩層次的體系就漸爲西方所放棄。最後，西元十一世紀的教宗格列高利七世（Pope Gregory Ⅶ），終於正式立法規定，所有羅馬天主教的神職人員都必須守獨身。

　　當然，東正教和羅馬天主教之間，還有很多其他信仰和做法上的差異。但是，我們需要在此特別注意的是，儘管有這麼強大的基督教國家的意識型態，統一卻一直無法長久維持，特別是在沒有強大的政治勢力可強加如此信仰之際。因此君士坦丁死後一百年裡，此一基督教國家便分裂爲二，到了中世紀，東西教會更發展成兩種截然不同的基督徒身分。不過，這也只是基督教的持續多樣化過程裡的一個插曲而已，因爲我們在下一章裡就會看到，此後歐洲進入了一個宗教加速轉變的時代，粉碎了西帝國裡僅餘的中世紀基督教國家信徒的表象。

④ 歐洲的宗教改革
Reformations in the West

前　言

如果說西方在教皇之下聯合為一的大一統基督教國家的夢想，差一點就在中世紀裡成為政治事實的話，它在任何時候都畢竟未能成為一項宗教事實。儘管有些教會歷史學家愛把中古時代美化成所謂「信仰時代」，但在這段時期裡，歐洲也從來沒能在宗教上完全合一。教皇除了要應付人數眾多的猶太人和當時的伊斯蘭教徒，

還得處理歐洲身為不只一種基督宗教之地主國的事實。西元第五、第六世紀教皇開始透過向北方傳教的活動，來擴張其勢力時，這些傳教士得跟當地的異教教義奮鬥，還得跟阿萊亞斯基督教派（Arian Christianity）角力。當時很多日爾曼民族都已經在幾十年前，因為東帝國的傳教活動，而皈依阿萊亞斯基督教派，要他們再轉換到羅馬的天主教，又得再花上幾十年的時間。到西元第七世紀，阿萊亞斯基督教派的影響力才自歐洲消退。

同時，羅馬天主教所面對的一些新威脅也在伺機而動。西元

十世紀的時候，保加利亞興起了一項，以一位名叫鮑格米爾(Bo-gomil)的基督徒的修士所教導為核心的運動。雖然這是一套新神話運動，但基本上它還是跟古代諾斯底基督徒教導的那一套很像。嚴格地說是二元論，他認為世界是由一個邪惡的次等神祇所造。而耶穌，那位從上帝而成為人身，是要把人類由物質存有的深淵裡拯救出來的那一位。鮑格米爾的思想似乎對一個被稱作清潔派(Cathari，即純潔之意)或阿爾比派(Albigenses)基督教派的運動，產生了深遠的影響。這是西元十二世紀盛行於法國南部的新運動。這種新形式的諾斯底主義聲勢極大，隨從者甚眾，以致於教皇終於宣佈對它發動聖戰，而導致了大量的殺戮。最後，清潔派的傳承便被迫潛入地下，從此不見於人世。

歐洲的宗教改革運動

不過，對西歐基督教的合一威脅不一定都是外來的，有些卻是當地自生的，像韋爾多派(Waldenses)就是因著一位平信徒彼得·韋爾多(Peter Waldo，1218)的溝通而產生的。該派人士試圖改革教會，他們在認為，要回歸到按字面來閱讀新約聖經教導。有鑑於此，他們主張只有洗禮和聖餐為合法的聖禮，他們試圖過一種像耶穌那樣的，強調和平主義和貧窮的生活。經過了一段時間，韋爾多派會眾包含義大利北部、部分的瑞士和德國。韋爾多設法遊說教皇正式承認他領導的這個運動，但由於其教導太激進，這項請求終究還是遭到了駁斥。但儘管遭受迫害，韋爾多派人士還是堅持其主張，而且至今仍以一種自主性的基督徒團體的形式延續了下來。

這段時期的宗教改革運動極多，而且也不是每一個都受到了迫害。事實上，有些運動也得到了羅馬天主教的接納，並將之納

於其組織之中。西元十二、三世紀裡，很多僧侶在厭倦了偏狹的僧侶生活方式之餘，便棄修道院而去，到更大的社會裡去做禮拜。這些僧侶稱做修道士（friar，出自拉丁文 frater，即弟兄之意），他們尋求過一種新的平衡生活，期望藉著遵行一種修正的僧侶規定，來平衡世上的教導和講道。經過了一段時間，新修的命令與這些新規定聯合起來。十三世紀裡同時出現了兩種這樣的團體，就是後來的方濟會（Franciscan Order）和道明會（Dominican Order）。方濟會是以亞西濟的修士聖方濟（Francis of Assissi）的教導為本，在過著使徒式的貧窮生活之際，也同時強調單純教導和對大眾服務的重要。該會在西元一二一〇年得到教皇的認可。雖然方濟會後來也變得跟其它的教會一樣世俗化，但是在早期方濟會的時代裡，這些被稱做小方濟的修道士，可是過著流浪的生活，以化緣維生，並避免任何財物的積存的。

另一方面，道明會雖然要求其成員過刻苦的生活，但卻是尋求一種更為安定而規律的生存方式。不但如此，道明會不像方濟會，強調的是學習和學問，它在創立全歐各地的大小學校上，貢獻良多。雖然該會是在西元一二一六年才正式得到教皇的認可，但其實早在幾年前，它就已經由一位名叫多明尼德古茲曼的西班牙人（Dominic de Guzman；1170-1221）創立。多明尼年輕時就被派往法國南部，去帶領阿爾比派信徒皈依天主教，他對這份工作十分熱衷。因此，打從頭起，偵查與壓制異議分子和異端邪說，就是道明會的主要目標之一。漸漸地，道明會更成了宗教裁判所（Inquisition），這個教皇所設立，專以對抗歐洲各地異端的特別法庭的主力。

雖然西元十三世紀裡似乎就已經有異端興起的趨勢，但歐洲基督教的分裂其實是西元十四、五世紀才真正開始加速的。在西

元一三六〇年代裡，一位名叫約翰‧威克里夫（John Wycliffe，1 328-84）的英國神職人員，為教會的改革提出了好些構想，這些想法在後來的幾十年裡變得日漸普遍。在歐洲大陸各地，類似的改革要求也時有所聞，這一回則是在波希米亞（就是現代的捷克共和國）。在那裡，一位名叫簡‧胡斯（Jan Hus，1373-1415）的極具號召力的宗教領袖，在其布拉格的講台上提出了許多跟威克里夫相同的想法。但是儘管他得到了波希米亞國王的支持，胡斯最後還是於西元一四一五年，在教皇授命下，被焚於木樁上。其死亡引發了波希米亞一場實質性的宗教革命。十幾個分裂的支派（分別取了胡斯派 Hussites，何瑞派 Horebites，和塔博派 Taborites 之類的名字）從而興起，每一個都要求脫離羅馬獨立。但是最後大多數的波希米亞教會還是又重新跟羅馬結合，但包括弟兄聯盟（Unitas Fratrum）在內的一些教會則依然堅持立場，成了今日人稱摩拉維亞教會（Moravians）的派別。

新教徒的改革

雖然要求羅馬教會改革的呼聲不斷，但是其實現，還是有待十六世紀一個因為政治需要與某人強烈的想像力所觸發的偶發事件，才終於點燃了後人所稱的新教改革的那場大爆炸。馬丁路德（Martin Luther，1483-1546）是一位奧古斯丁會的僧侶兼神學教授，在北德的威丁堡大學教書。路德是一位誠實的神職人員，熱心遵守羅馬教廷所訂之有關地方牧區要求（特別是那些籌募基金的活動）的政策。西元一五一七年，教皇利奧十世（Pope Leo X，1475-1521）正在積極尋求籌募基金之道，以實現其野心勃勃的羅馬重建計畫，特別是要重建君士坦丁大帝的聖彼得大教堂。

在當時，為這類計畫籌募基金的典型做法，就是出售赦罪

券。雖然這是當時極爲普遍的做法，但是路德卻相信這是教會的濫權。爲了刺激有關該問題的辯論，路德在威丁堡教堂的門上張貼了一張九十五道邏輯命題的單子，質疑教皇發行這種赦罪券的權柄，並且立刻引發了熱烈的迴響。後來這些邏輯命題更經由當時才新發明的印刷術迅速出版問世，很快地就在全歐流傳開來。雖然該議題本身並無關宏旨，但是出售赦罪券背後所存的那個神學論題，卻似乎象徵了教會的一切不當之處，並且使得反教會的觀念具象化。路德的議論成爲各宗派間的辯論主軸，政治領袖則由這樣的分歧中，敏銳的嗅到了可趁之機。最後，路德同時被教會和當時名義上統治全德的神聖羅馬帝國皇帝兩方召去，爲此事做成說明。但是路德卻拒絕放棄這樣的質疑，而加諸於他的壓力也迫得他採取越發激進的立場。事實上，最後路德更走上公開支持簡·胡斯主張的地步。

　　雖然當時歐洲各地都已經普遍體認到教會的腐敗，尤其是德國，但路德起初似乎還無意與教會決裂。但是，就像他之前的使徒保羅一樣，路德是被他的反對者逼得發展出了一套神學理論來支持他的立場。在此，他採取了胡斯的立場（例如他的聖經居首的主張），但是他發展得比胡斯還要更進一步。早在其神學事業的初期，路德就曾藉著回歸保羅的著作，來釐清了他對救贖的疑問。當然，保羅當年是藉著強調對耶穌信仰的重要性，來對抗守舊猶太基督徒對希伯來聖經規定之儀文的堅持的。因此，路德主張，羅馬天主教也和早期的猶太基督徒一樣，錯誤教導，以至會教導信徒，認爲崇拜禮和信仰至少同等重要。但保羅的教導卻是，只有信仰本身可以拯救罪人，而這樣的信仰卻是上帝恩寵之物——是上帝當作禮物，平白賜給信徒的恩寵，而非崇拜禮儀所能交換。路德所持的立場，有效的喚起了對整個羅馬天主教聖禮

制度的質疑。

這種想法既為當時的教會領袖視為異端,路德當然就落得為教皇逐出教會(1519),也遭到神聖羅馬帝國宣佈為罪犯的下場。但是,此時的德國政治局面卻正在一種特殊的景況裡,讓萌芽中的路德運動所導致的分裂,對某些地方王侯正好有其政治上的利益。於是路德便在他們的保護下安然無恙,而此一運動也在德國諸多小領地裡蓬勃發展。雖然最後神聖羅馬帝國的皇帝也企圖以武力重新奪回宗教合一,但畢竟沒有成功。於是這位皇帝被迫頒布敕令,准許德國的王侯自行決定其所統治之地信奉天主教或路德教派。雖然西元一五二九年時,這位皇帝又想取消該令,但是信奉路德教派的王侯卻表反對(被稱為**新教徒** Protestant)。從此德國便落入持續衝突之境,直到西元一五五五年舊敕令經過奧格斯堡和約確認,情況才獲改善。不過,這也只是暫時的和平而已。過了一段時間,天主教與新教間的戰爭又將席捲全歐,而且持續長達一世紀之久。

改革派的傳承

同時,其他很多有心改革的人也開始追隨路德的腳步而行。例如,瑞士的烏爾里希·茨溫利(Ulrich Zwingli,1484-1531)就曾單獨獲得了與路德相似的結論。茨溫利以聖經為教會唯一之權威,教導單單因信得救,此外他也跟路德一樣,除根據聖經的洗禮和聖餐外,排斥其餘所有聖禮。茨溫利的改革為蘇黎士民眾所接納,而且逐漸傳布到了瑞士、德國、和法國。等到茨溫利在西元一五三一年去世的時候,此一改革運動(以此來與較溫和的路德主義有所區別)早已建立起了可觀的動力。

下一位新教的運動的偉大領袖,則是一位名叫約翰·喀爾文

100

台北市信義路二段 213 號 11 樓

城邦出版集團

貓頭鷹出版社 收

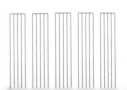

貓頭鷹讀者服務卡

◎**謝謝您購買《宗教的世界：基督宗教的世界》**

　　為了給您更好的服務，敬請費心詳填本卡。填好後直接投郵（免貼郵票），您就成為貓頭鷹的貴賓讀者，優先享受我們提供的優惠禮遇。

姓名：_____　　　□先生　民國_____年生
　　　　　　　　　　　　　　　　□小姐　□單身　□已婚

郵件地址：□□□　　　　　　　縣　　　　　　　　　鄉鎮
　　　　　　　　　　　　　　　市　　　　　　　　　市區

_____

聯絡電話：公(0　　)_____宅(0　　)_____

身分證字號：_____傳真：(0　　)_____

■**您所購買的書名：**_____

■**您從何處知道本書？**

□逛書店　　　　□書評　　　　□媒體廣告　　　□媒體新聞介紹
□本公司書訊　　□直接郵件　　□全球資訊網　　□親友介紹
□銷售員推薦　　□其他_____

■**您希望知道哪些書最新的出版消息？**

□旅遊指南　　　□社會科學　　□自然科學　　　□休閒生活
□文史哲　　　　□通識知識　　□兒童讀物
□文學藝術　　　□其他_____

■**您是否買過貓頭鷹其他的圖書出版品？**　□有　□沒有

■**您對本書或本社的意見：**

（John Calvin，1509-64）的法國律師。喀爾文擷取茨溫利著作的部分主張，以瑞士另一座城市爲其改革之展示場所。這樣過了一段時間，喀爾文選定的日內瓦市成爲改革派的國際中心，開始派遣傳教士往歐洲大陸各地，以及英國和蘇格蘭等地去。喀爾文也是一位神學革新者，把路德所強調的上帝超越論放進了他的邏輯結論之中。喀爾文認爲，如果上帝果眞對其創造物擁有絕對的主權，那就表示，是上帝的意志在主掌一切事務，包括每個人最終的拯救或是毀滅。不但如此，在絕對的主權的邏輯意義下，上帝一定從頭就知道誰能得救，誰要毀滅。這樣的教義被稱做**預定論**（predestination）。喀爾文把此一教義放在他的龐然巨著《基督徒的宗教制度》（*Institutes of the Christian Religion*）之中，從此該主張就成了亦稱喀爾文教派的改革派運動的正字標記了。

激進的改革

路德派和改革派的教會也跟羅馬天主教會一樣，依然期待著大一統基督教國家的出現——只是當然是要在路德派或改革派的旗幟下合一。爲了達成此一目的，路德派的和改革派的運動領袖都依然堅持地域性教會的觀念，也就是國家之內所有居民都有義務加入教會。不過，對某些新教徒來說，這樣的教會觀念與羅馬天主教會一般，同屬強權暴政。這樣的新教徒主張基督教會應該是出於自願，只有眞正的信徒才能被接納爲教友。西元一五二〇年代，或許是受到稍早淸潔派和韋爾多派主張的影響，瑞士成立了持這些主張的團體。爲了彰顯其教會的這種自願性，他們堅持嬰兒受洗禮是錯誤的，因爲唯有在成人的自由選擇之下從事洗禮才是合法。他們指出，聖經任何地方都不見有嬰兒受洗禮的做法。這些人被其反對者稱之爲「再洗禮派」（Anabaptists），且受

到天主教徒、路德派和改革派的新教徒一致撻伐，因爲其加入教會是自願的想法被視爲是社會秩序之威脅。儘管這些再受洗派人士受到如此迫害，其和平主張下的堅信也使情況更形惡化，但該派信徒還是由瑞士一直傳遍了全歐。有一個著名的再受洗派團體是由門諾・西門（Menno Simons，1496-1561）在荷蘭建立的。慢慢地，門諾信徒在受到強烈迫害的情況下，先是被迫遷到了波蘭，後來又到了俄羅斯，最後則是移往新世界，其子孫便在那裡生存至今。守舊的艾米許信徒（Amish）就是在美國倖存至今的一個門諾支派。

英國的改革

英倫三島也並未能倖免，西元十六世紀這些造成基督教國家四分五裂的勢力之外。事實上，每一個新教的大陸支派都能在海峽那邊的英格蘭和蘇格蘭境內，找到其對應的代表。西元一五三四年，英王亨利八世（1509-47）在主要出於政治動機的理由下，壓制議會通過了一連串的法令，將羅馬教會有效地轉爲國家化，而成立了英國國教，以亨利國王爲領袖。英國國教在主教的管理和聖禮方面，都保留了諸多羅馬天主教的體制。而且雖然久而久之英國國教的教義也漸漸受到了路德派和改革派思想的影響，但是到頭來，它仍可說是新教改革中最爲保守的一項運動。

另一方面，蘇格蘭則是直接受到改革派傳承的影響，特別是喀爾文派的。蘇格蘭的喀爾文派很徹底的取代了舊有的英國國教結構，組成長老教會（preshteries）而以地方會所聚合成一個個的轄區，在沒有任何中央集權的控制下，維持更大的獨立性。與此同時，長老教會的教義就開始在英國境內發揮了重大的影響，而且要爲十七世紀英國國教本身一項激進改革運動的產生，擔負部

分的責任。這些被稱爲「清教徒」（Puritan）的信徒試圖逼迫勢力龐大的英國國教教會，依循內陸喀爾文宗派人士的路線，採取更激進的改革。雖然出師未捷，但清教主義裡的一些成分卻終於在英國國教以外獨立維持了下來，特別是在美國，在那裡，此一運動又變化成了公理會。英國本地也有其激進改革的代表。例如，英國的浸信會就是受到歐陸再洗禮派的影響（不過英國的浸信會也有很強的喀爾文派氣息）。

各種新教敬拜的方式

改革派的遺傳之一，就是對中世紀宗教儀式的修正。例如，在改革派的教會鮮有完整保存天主教聖禮年曆。像路德派和英國國教的這些教會是保持了大部分教會年的結構沒變，但是那些聖徒的節日則不再強調。歐陸和蘇格蘭長老會的改革派教會則變得更兇，只留下幾個重要的節慶而已，就是耶誕節、復活節、五旬節，也有些是連這些都不留的。所有的改革派都有心淡化基督教的教會年，因爲在他們的眼中，這些大都成爲沒有宗教意義的節慶之由。

相反的，改革派的傳承重新努力強調安息日（Sabbaih）的神聖。爲了達到這個目的，這些改革人士都設法以各種方法來修正主日崇拜的方式，惟仍保留了很多天主教舊有彌撒的基本結構。不過，很重要的一點是，所有新教教會都發展出以本土語言而不是以拉丁文主領的主日崇拜的做法，以便一般信眾都能眞正了解崇拜進行的內容。此外，他們也鼓勵一般信徒有相當程度的參與，而不像天主教彌撒單由神職人員主導一切。會眾集體唱詩歌成爲普遍的做法，而地方民歌的曲調也被放進崇拜裡，當作讚美詩使用。在這些改革派告捷的地區裡，崇拜仍是在既有的天主教

教堂裡舉行。只是如今這些回收使用教堂內部的佈置通常經過普遍地修改，讓聖壇的桌子和講台都同樣受人注意。這種重新安排是在反映講道和讀經的救恩是與聖餐同樣重要的。

最全面的聖禮改變則是出現在激進改革派中。再洗禮派把主日崇拜簡化得比路德派和改革派的教會的更厲害。他們鼓勵平信徒即席講道和自發性的禱告。有些時候，就像在浸信會的信徒裡，領聖餐的次數也減縮到一年只有四次。有少數的例子，激進的改革派甚至把舊有的安息日儀式也全數去除了。例如，英國貴格派（Quaker）信徒就拒絕所有的外在儀式，因為他們相信內在的靈性就是與上帝間的永恆聯繫。因此，直到今日，有些教友派的聚會沒有任何領導者和固定模式的。在這樣的教友派崇拜中，會眾就這麼靜靜地坐在位子上，直到中間有人受到聖靈感動，開始開口說話。如果有這樣一個人講了話，那麼這就是當天的講道了。有時候也會發生完全沒有人開口的情況，那麼這個主日的聚會就會在大家靜靜地禱告，卻無任何行動的情況下結束。這種崇拜的簡單確實是跟羅馬天主教彌撒的繁複宏偉相去甚遠。

天主教的改革

合一的基督教國家開始在新教改革的衝擊下變得四分五裂之際，天主教會的領導者也並沒有閒著無所事事，而是進入了一段深沉內省與激烈內在改革的時期。如此所生的天主教改革，有時候也被人稱做「反宗教改革」（Counter-Reformation）。它並沒有設法阻擋歐洲的這場宗教分化，卻在靈性上讓羅馬天主教重新復甦，取得活力。天主教的改革是從諸多層面和方式上來追求的。例如，情勢越來越明顯，新教的反叛顯然並非只是一時性的越軌脫序時，教會便召聚了一次邀聚各方參加的會議，以提出其自身

的改革計畫，並謀圖一個能將歐洲帶回羅馬天主教牧養之羊圈內的策略。此一特倫托會議（Council of Trent）在西元一五四五至一五六三年間舉行，其表明的目標，就是要針對著那些「長久以來加諸基督徒所有信徒身上，甚至讓他們無法承受之罪惡」。這些罪惡是由教義和制度兩方面來看的。在該會議舉行的冗長會期裡，有關原罪和赦罪，聖經的角色，努力與信心間的關係，以及聖禮的性質和數量等方面的天主教正統立場，都經過了一番辯論和澄清。此外，同樣重要的，該會議也設法糾正了神職人員職權的濫用，這裡面同時包括了制度上的(例如，職務的多重身分，神職職務的買賣，對平信徒的輕視)和個人的(例如，不道德生活，不識字，或是對教義的普遍無知)。雖然到頭來，特倫托會議大致還是重新確認了傳統的立場，但是它到底還是澄清了教理，改進了教會組織的效率，提高了神職人員的標準，而且重新強調在各層面上全面強調屬靈教導的重要性，以此來因應新教所帶來的挑戰。

　　不過，天主教改革所受到的最大的衝擊，可能還是在基本的基督徒的屬靈層面上，因為除了這些制度上的改變以外，它也培養出一種強烈的基督徒的敬虔，而且逐漸浸潤到天主教社會的各層面。這種虔誠最好的例證，可以顯示在偉大的西班牙神祕主義者，阿維拉的聖德勒撒（Teresa of Avila，1515-82）和十字會的聖約翰（St.John，1542-91）的作品裡。這兩人都熱衷於西班牙修道主義的改革，但是他們所寫的屬靈經典之作，像是聖德勒撒（St.Teresa）的《內在城堡》（*The Interior Castle*；約1577）和聖約翰（St. John）的《靈魂的黑暗夜》（*The Dark Night of the Soul*；約1578），才是他們更為人紀念的成就。在《內在城堡》一書裡，聖德勒撒向讀者展示了一種神祕主義的導讀手冊，為神

貝爾尼尼(Bernini)的《聖德勒撒之狂喜》(Ecstasy of Saint Teresa，1645-52)或許是西方藝術裡，最能激發出直接又深刻宗教經驗感受的作品。

祕的靈魂提昇階段作了有系統的鋪陳，把靈魂的形象比喻為一個

有七重同心圓房間的透明城堡。德勒撒以簡潔有力的語言，逐一記下內在不可能抗拒的神聖經驗，其過程中的禱告的效應、修德以及靈性純潔等狀況。事實上，《內在城堡》裡有一場極其生動鮮活的與上帝相遇的描繪，足為所有玄祕文學中的登峰造極之作。

　　另一方面聖約翰則是以較艱澀的詞彙來描繪此一追尋上帝的神祕之旅，很詩意地將之比擬為情人痛苦追尋其愛人的過程。這樣的痛苦是有其必要的，可以帶領該靈魂超越自我之愛，為「靈魂的黑暗夜」做好預備，也就是上帝在靈性上潔淨此靈魂，使其適合得見幸福快樂之異象的一種狀態。但是儘管有這樣的差別，聖德勒撒和聖約翰其實都對人類心理學有極其深厚的直覺性認識，而且兩人都是了不起的大師，非常擅長向讀者傳遞熱情又讓人激賞的神祕追尋之旅的異象。久而久之，這些書籍就成了神祕主義的試金石，不但為天主教所尊，亦為世界各地的神祕主義者所推崇。

宗教戰爭和基督教國家的終點

　　雖然就今日的觀察來看，歐洲的基督教國家應該是在西元十六世紀末的時候，就已經無可挽回地粉碎了，但當時其實仍有很多天主教的主要勢力，像是西班牙和法國，都還是煞有其事的表現得好像在其領導下，情勢依然大有可為。像西班牙國王就試圖重新把天主教強加於荷蘭境內百姓身上，但是因為英國的反對，所以只做到部分成功。而一連好幾位的法國國王也都曾試圖除去他們境內人稱胡格諾派（Huguenots）的改革派信徒。但是此舉也只達到部分的成功。但是這樣的衝突只是提高了新教徒與天主教徒之間的緊張關係，而且在西元十七世紀開始後不久，歐洲便瀕

臨於全面性宗教衝突的邊緣，而且從此持續了三十多年的時間。

　　最後宗教戰爭幾乎把所有的歐洲國家捲入，造成各地的死亡和經濟混亂。無人從中得到任何好處，而衝突更淪於遙遙無期的消耗戰。各參戰國在精疲力竭之餘，終於在西元一六四八年坐上了談判桌。而結束此一宗教戰爭的威斯特伐利亞和約（The Treaty of Westphalia）所達成的，其實也不過是再次認可了近一世紀前奧格斯堡和約所維繫的既成宗教情況而已。只是，很多事情如今都已不同。過去自君士坦丁大帝以來，對合一基督教國家意識型態所持的信心，現在幾已蕩然無存。不過正如我們前所見的，合一基督教國家的想法一直未曾消逝，只是歐洲在邁入現代之際，很多歐洲人都已厭倦了一切有關宗教之事。

5 基督宗教與現代化的挑戰
Christianity and the Challenges of Modernity

前 言

西元十七世紀開始，歐洲進入了一段變化極大且綿延甚久的改變期，它革新了西方，並對世界其他所在發揮了深遠的影響。這個時期史家現稱爲現代時期，其特色即在於一連串依循序的理性主義、科學、政治自由主義和隔離主義而生的工業化和帝國主義。這些新意識型態和制度的起源十分複雜，而且在某些狀況下，也很模糊，但是它們所累積的衝擊卻可以用一個簡單的字一言以敝之：**現代性**（modernity）。現代性代表了人類歷史上一個特有的新世界觀。在處理世界事宜時，現代性強調懷疑主義和批判思考，它也同時對社會和知性的改變持積極的態度。現代性也傾向於淡化以上帝啓示爲知識來源的重要性，而堅持個人在塑造未來上的至高角色。事實上，有些現代的意識型態，例如以馬克思（1818-83）思想爲基礎的共產主義，是非常反宗教而且是極度物質主義的。在這種情況下，現代化便以一種全然對立於早前承自古代的

舊世界觀，與基督教相抗。

　　我們將在這一章裡看到，此一衝突史其實是很諷刺的。雖然現代性主導了這段時期，但是很顯然的，它也從來沒有真正勝過和完全取代前現代的基督教世界觀——就連在西方也是這樣。事實上基督宗教在這段時期裡也出現了前所未有的成長和全球擴張。不但如此，基督教會為了因應甚至適應現代性而做的一番奮鬥，導致了該傳承諸多標新立異形式的出現。本章就將探索其中的一些新型態，並概要性的勾勒出現代性和基督宗教之間那些持續至今的無解衝突史。

宗教與啓蒙運動

　　改革運動有效地打破了羅馬天主教傳承主宰歐洲基督徒的正統一千五百年的牢不可破的錮制。事實上，在去除了傳統的支持以後，聖經啓示的內在模糊性就變得顯而易見。改革運動支離破碎的發展就是最佳的明證。不但如此，後來接著爆發的宗教戰爭也顯示出，欲以武力強行賦予某一正統，實在也是徒然。因此，對於歐洲那些當權者而言，除了容忍基督宗教這種既成事實的多樣性，無奈地照樣管理下去以外，也別無他法。這樣的態度培養出了一種規範各種人際關係的更實用的處理方式。但是該方式表面上的成功——它維繫了歐洲從西元一六四八年以來一個半世紀的的和平——卻更深地腐蝕了政治政策裡上帝啓示的核心地位。最後，政治上的自由主義份子開始視國家為人類努力的一種產物，而非上帝的意志，因此，大家認為宗教合一的期望並不適於放入歐洲的政治歷程之中。這便使得一種相當容忍宗教異議份子的環境為之出現。久而久之，英國、普魯士和奧地利都開始趨向宗教容忍的官方政策，而在法國，這種容忍的態度也成為一種心

照不宣的理解。

　　除了宗教容忍以外，西元十六、十七世紀的一些事件也加速了另一種已發展數世紀之久且更爲根本性的知性爭議：人類理性的知識生成限度到底何在？隨著宗教改革和宗教戰爭的相繼產生，啓示地位開始消褪。歐洲的哲學家和神學家又開始探究理性的限度，而這一次，在有相當程度的解放、得免於宗教制度獨裁挾制的情況下，他們獲致了比中世紀同爲有此意的前人——士林哲學家——更爲激進的結論。例如法國哲學家笛卡兒（Rene Descartes，1596-1650），就發展出了一套系統，除了思想者自己心靈以外的實在（reality）外，都對一切加以懷疑。笛卡兒認爲，所有個別事實都只能在人的心靈裡覓其根源，因此只有那些通過人的理性綜合所得，方爲可靠的知識。另一方面，英國的哲學家洛克（John Locke，1632-1704）則是從全然不同的前提推進。據洛克的看法，所有事實都是由五種感官和對自然的經驗性觀察而來。雖然如此，不論洛克或笛卡兒，其由此所得的最終結果，都是一樣：由這些事實所產生的知識，就是人類理性的最終產物。如此一來，對人類理性及其做成有效認識論判斷（epistemological judgments）之能力，這兩方面的重新強調，在很多人看來，正是中世紀數百年來所謂「黑暗時代」的終告結束，以及新的「啓蒙時代」肇始之記。

　　儘管啓蒙運動十分強調理性主義，但它也並非是反宗教或是反基督教的時代。事實上，笛卡兒是想讓他的新哲學系統成爲個人認識上帝的一條更新、更好的途徑。而洛克則是寫了好些類似《基督宗教的合理性》（ *The Reasonableness of Christianity* ，1695）這樣的書，以理性來證明耶穌的神性和其神蹟的歷史眞實性。不過，啓蒙運動也是相當反對神職人員和其制度的。啓蒙運

動的思想家多傾向於把羅馬天主教描繪成中世紀無理性主義和超自然主義的縮影，而哲學家伏爾泰(Voltaire，1694-1778)的座右銘「粉碎那些無恥的東西！(Ecrasez l'infame!)」更充分顯示出這種對法國教會所持的激烈態度。雖然如此，就連伏爾泰也還是承認宗教對人類生命的重要，特別是在道德行為和社會的凝聚這些方面。因為，儘管他們相信「自然的」倫理法則會由理性衍生，但是很多啟蒙運動的思想家還是堅信，只有神性的起源可以解釋那種人類從開始就自有的道德性良知的奇特力量。而另一方面，只要各教派基督徒都認識到此一共同之倫理核心，那麼因為啟示意義而生的激烈辯論便屬多餘，也沒有理由再硬性賦予任何統一性的闡釋。他們認為，道德性的合一讓宗教的多樣性可被允許。到最後，宗教就只成為一件個人選擇的事，可以根據自己良心的指引而行。因著許多主要為實用性需要的理由，此一意識型態終於在許多英屬美洲之地實現其最早也最成功之表達。

英屬美洲基督徒的多樣性

從十七世紀英國開始移民以來，美洲殖民地就吸引來自各式各樣的基督教的傳承，由英國國教和天主教，以至路德派、改革派和各種激進改革派的，無所不包。因此，雖然英國教會在很多殖民地仍為正式國教，但在當地並無任何教會佔明顯多數的情況下，這樣的頭銜其實毫無意義。於是容忍其他教派的新教(後來還包括天主教和猶太教)便成為一種社會性的必須條件，而在中部殖民地(Middle Colonies)更尤其如此。例如，紐約起先為荷蘭所屬的一個殖民地。但是為了權宜之計，英國於西元一六六四年併吞了此一殖民地之後，荷蘭的改革派教會仍獲正式承認，其權利也得以保留。事實上，約克公爵(Duke of York)採取了全面的

宗教容忍政策，而該殖民地也很快吸引來了法國的喀爾文信徒、德國的路德派信徒、新英格蘭的公理會信徒、貴格派信徒、浸信會信徒、門諾會信徒、天主教徒和猶太人。等到賓西法尼亞殖民地西元一六八一年建立以後，彭威廉也循此類似的途徑開拓，甚至更把宗教容忍的範圍擴大到將美洲原住民也一併納入的新穎做法(可惜該實驗只維持了一小段時間而已)。

等到這些英屬殖民地終於在西元一七八一年取得獨立，縱使新聯邦政府官方政策之議，則仍在熱烈討論中，宗教容忍的態度也早成當地的常態。例如，新英格蘭人就主張，這樣的政策會損害其地區內公理會的既有地位。其他人則認為，這樣的容忍會導致美國成為異議份子、反律法份子(一些認為自己不受倫理法則所限之人)和非基督徒人士的流放之地。但是很多像湯瑪士‧傑佛遜(Thomas Jefferson)之流的美國建國之父，都支持把這樣的宗教容忍態度納入在國家的架構之內。同時，激進改革的各教會，在深受歐洲壓迫之苦之餘，也要求美國完全擺脫領土教會的模式。在召開憲法會議期間，浸信會更是積極表達其意見。最後美國憲法第一修正案(1791)明白陳述，聯邦政府應在有關宗教的事宜上保持完全中立。而且跟歐洲截然不同的是，任何教會都不能享有國教地位。這便導致了後來稱作**教派主義**(denomination-alism)的出現，亦即主張美國境內所有宗教團體法律之前一律平等的思想。

啓蒙時代的新教敬虔運動和宗教復興運動

啓蒙時代是一段充滿對立與矛盾的時期。雖然該時期對於理性主義的興起極具重要性，但它對其所促成的反對運動的情緒(特別是宗教領域裡的)也同屬重要。如果說，一方面啓蒙運動促

成了對一種更具理性的基督宗教追尋，那它也應同時證明爲引發新基督教運動的一份催化劑，而這些新運動卻是在尋求高舉該傳承中的非理性與經驗性成分，使超乎於那些理性處理的教義成分之上。此一運動稱爲**敬虔運動**（Pietism）。敬虔運動其實是起源於西元十七世紀初，啓蒙運動之前的一個時期。在這個時期裡，很多歐陸的新教徒，既因宗教戰爭而膽寒，又爲該戰爭結束後顯現的明顯衰退的宗教熱誠而憂慮。他們發現其牧者黯淡又枯乾，深恐新教將落爲僵化的士林哲學。爲了因應這種局勢，有些新教徒便開始強調一種更爲個人的信仰，乃是建立在眞正敬虔的思想上的。按照該運動的一位領導者斯賓塞（Philipp Jacob Spenser，1635-1705）所下的定義，敬虔就是正當的感覺和正當的信念。循此而推，正當的感覺則意味著開拓一份接觸神的強烈個人經驗，並產生要將福音信息傳給他人的強烈慾望。敬虔運動似乎是起源於荷蘭改革派教會之間，西元十八世紀末的時候，則已經傳到了德國和斯堪地那維亞（Scandinavia）上的路德派，而且成爲復興的摩拉維亞教會（Moravian Church）的正字標記。

在接下來的世紀裡——即所謂的「理性時代」裡——敬虔運動有了自己的地位，並出現了突飛猛進的成長。事實上，最爲人知的敬虔運動的教派，約翰・衛斯理（John Wesley，1703-91）的衛理公會（Methodist）就是興起於西元十八世紀。衛斯理生長於英國當地的英國國教環境中，年輕時就開始追尋一種更有意義的宗教經驗。爲實現此一目的，他和弟弟查爾斯（Charles）組了一個大學社團，專門追求有紀律的聖經研究。由於該社團極重視系統與方法，因而爲他們贏得了一個渾名：方法論者（Methodist）。西元一七三八年衛斯理在前往美國的旅程中，接觸到了摩拉維亞派信徒。他既深爲其單純的敬虔所感，後來更親

身承受了一次極強烈的神祕經驗，便決心以目標培養眞正的敬虔。

或許另一項更能顯示西元十八世紀新教徒勢力的指標，便是該世紀歐美地區所出現的兩波聲勢浩大的**宗教復興**（revivalism）潮，兩者都具強烈敬虔的性質。第一波稱之爲「大覺醒」（Great Awakening），西元一七二○年左右興起，並於一七四○年臻於高峰。大覺醒的起源甚爲模糊，但是有人認爲可能是敬虔運動的信息和對**千禧年主義**（millennialism）重新燃起的興趣，兩相結合才擦出了這把復興之火的火花。千禧年主義是古代基督徒的觀念，認爲基督第二次的降臨已經迫近。在與敬虔運動結合下，千禧年主義便生出了一種強烈的急迫性，讓人感到必須趕在末了來臨前，儘量多帶人歸主。辦法和宗派無關緊要。因此我們發現，在這段時期裡，幾乎新教各教派的傳道人都在盡力傳講福音，只要找到一群人，不管是在教堂還是露天場地，他們都可以講。久而久之，這種民主的講道方式，以及它所涉及的有關千禧年的敬虔主義內容，便形成了一個泛宗派的運動，也就是後來世代所稱的**福音派新教主義**（Evangelical Protestantism）。

西元一七四○年以後很久，福音派新教主義仍然盛行於歐洲，特別是英國，只是復興的火終究漸漸冷卻下來。不過，在美國福音派新教主義和宗教復興卻仍是美國宗教展望中的歷久彌新的特色。事實上，要定出美國宗教大復興的終止日期還眞不容易，因爲它好像直到現在都仍未有停止，只是幻化成了一連串地方性的復興，持續了整世紀之久。不但如此，到該世紀末時，這個國家又進入了另一個全國性的宗教復興之中——第二次大覺醒（The Second Great Awakening）。這次的復興大約由西元一七九○年持續到一八四○年，第二次大覺醒在美國迅速擴展中的西部

邊區顯得特別強烈。在此，很多沒有敎會生活的邊區居民常蜂湧趕往參加那些「營地聚會」（camp meetings），聆聽許多受敎育不多，卻言詞犀利的福音派傳道人的敎導。這種持續數天或數週之久的營地聚會、戶外舉行的奮興大會，供給了美國邊陲居民僅有的最重要宗敎經驗。

雖然這種營地聚會起初多是倉促成軍的即席性活動，而且常常顯得相當混亂，但是經過一段時間之後，它也慢慢建立起了相當固定的架構。通常的做法是，事先定好一個當地適中的鄉村地點，然後數十個來自周圍村落的家庭，便在指定的時間到達那裡聚會。大家到了以後，各家就分別搭起一個大帳棚，並架起烹煮的大鍋，準備在那裡停留一段時間。等匯集的人愈來愈多，營地膨脹到了好幾百人之譜，聚會也常會顯出一種宛如嘉年華般的氣氛。事實上，有些人甚至就是爲了這種聚會的娛樂價值而來的。不過，大多數的人還是爲「崇拜」而來的。這種崇拜主要由從早到晚無休止的講道和詩歌敬拜所組成。在營地的中央，該聚會的組織人會搭建起一個突起的講台，前方擺上好幾排粗製的長板凳。營地的人會在這裡坐上好幾小時，全神灌注的聆聽幾個敎派的傳道人在那裡細述罪的可怕報償，並且熱心勸人悔改。到了晚上，如此馬拉松的講道便往往達到情緒上的高潮，大家會自發性的發出呼叫或是尖聲喊叫，開始哭泣或手舞足蹈，甚至發生不由自主的痙攣。大多數人相信，這是人的靈魂裡邪靈與聖靈間爭戰的外在顯彰。很多人在深受如此經驗感動的情況下，會公開承認自己的罪，並在其鄰人的面前誓言改變自己。在講道的台前有一個特別的區域，叫做「罪人圈」（Sinner's Pen）或是「悔罪凳」（Mourner's Bench），就是供進行這種痛悔活動的公開場地。到了這一晚行將結束之際，圈子裡往往早已聚滿了人，幾十個男女

老少在那裡為自己過去的犯行和現在所得的拯救哭得不可自已。

　　而美國東部的城市也並不是完全無感於西部邊區所散發的這股宗教熱情，只是這裡的福音派通常較為沉靜內斂。東岸地區產生的不是這種營地聚會，而是一系列的「十字軍」活動，也就是許多經費充足、有專業組織的演講之行，常常一辦就極為轟動，連當年最大的演講廳或活動中心場地的位子都會頃刻賣光。事實上，美國歷久彌新的專業佈道家的形象，就是出自東部的第二次大覺醒——很多大佈道家一一出現，由查爾斯・芬尼（Charles G. Finney，1792-1875）和杜威 L・慕迪（Dwight L. Moody，1837-99），一直到比利・山德（Billy Sunday，1862-1935）和艾米・散波・麥克佛森（Aimee Semple McPherson，1890-1944），再延續到今日的比利・葛理漢（Billy Graham）和歐拉・羅勃（Oral Roberts）。不過，不拘聚會的情緒歡樂或內斂，這些佈道家和他們所辦的這些佈道會都成了美國宗教展望裡的一個常見的特色。而這也為美國境內基督教的進一步多樣化，提供了另一樣有力的催化劑。

十九世紀美國的宗派意識

　　相對於福音派新教主義的產生，並其泛教派主義與合作社的誘人詞藻，西元十九世紀早期也出現了各種脫序的新教團體和教派。這類教派很多都起源於第二次的宗教大覺醒，只是其領袖把他們遠遠帶離了大多數美國人在該次大覺醒裡所擁抱的那種舒適的福音主義。例如約瑟夫・史密斯（Joseph Smith，1806-44）就是當年紐約州北部的一位年輕人，他覺得與區內舉行的奮興大會格格不入，最後因兩位「天堂來的人物」造訪過後，釋放了他的宗教疑慮。祂們警告史密斯不可投效在任何新教的旗幟下。過後會有其他來訪的天使把一些特別的文字資料啟示給史密斯，這些資

料據稱由摩門（Mormon，古代遷往美洲的一群以色列移民裡的倒數第二個後裔）所編纂的經典。根據這本摩門經，復活的耶穌不但在以色列建立最早的教會，美洲也同時有設立。因此，史密斯的使命就是要在美洲重建此一古代的教會。為了達成此一任務，他便成立了末世聖徒耶穌基督教會（the Church of Jesus Christ of Latter-day Saints）──也就是今日所稱的摩門教徒。

威廉‧米勒（William Miller，1782-1849）則跟史密斯不同，他把握住第二次大覺醒的那股熱情，把它解釋成耶穌即將再臨的信號。米勒相信，他已經破解了聖經裡的象徵密碼，並且信心十足的出書宣告，耶穌將在西元一八四三年三月廿一日至一八四四年三月廿一日之間的某時再來。這位所謂的先知，很快便用這樣的信息，吸引來了一群為當時報紙戲稱為「基督復臨信徒」（Adventist）或「米勒黨人」（Millerite）的信眾。等到所定的日子來到，又平安無事的過去，米勒又重新計算了一個新日期──西元一八四四年的十月廿一日。等到那一天到來，耶穌依然沒有出現──歷史上稱為「大失望」──很多米勒的信眾，甚至米勒本人，便放棄了這個運動。但是後來美國的基督復臨運動又死灰復燃。在極具異象的艾倫 G‧懷特（Ellen G. White，1827-1925）堅定的領導下，原始的米勒教徒至少有一個支系終於達到了配稱為教派的地位，被人稱為七日復臨會（Seven-Day Adventist）。事實上，千禧年主義也和宗教復興運動一樣，最後終於成為美國宗教展望裡一個持久的特色。美國每一個新世代似乎都會帶出另一波的千禧年熱，而新的復臨教派也不斷出現。耶和華見證人（Jehovah's Witnesses）和基督徒身分（Christian Identity）運動就是兩個極為突顯的例子。

宗教的現代性問題

　　基督宗教在現代時期裡出現了無數的轉捩點。有一個是在西元十八世紀，基督徒被迫面對啓蒙運動理性主義的各種暗示之際；另一個發生在西元十九世紀的後半期，涉及到兩件表面無關的交集點事件：達爾文的進化論和聖經版本的校勘。西元一八五九年時，達爾文（1809-82）出版了《物種原論》（*Origin of Species*），十二年後他又完成了《人類的出身》（*The Descent of Man*）。這兩本書都引發了一場有關演化理論可信性的火爆辯論。以爲人類等高等生物乃由較低等生物形式衍生而出的想法，雖爲討論已數世紀之久之事，但達爾文爲此一問題所採取的科學處理方法，及其詳細累贅的諸多證據，終使該理論不可等閒視之。因此，基督徒勢必得與該理論所隱含之意義做某種妥協。但這可並不簡單，因爲達爾文的演化理論不但主張人類乃由人猿演化而來，而且更重要的，他還認爲這純爲物競天擇下自然產生的一種過程。如此一來，就幾乎完全不予上帝以任何插手該程序的餘地。不但如此，此一理論也指出，物競天擇的程序需要耗費數百萬年的時間進行。但是聖經所記的創造，卻認爲地球只有幾千年的壽命而已，而生命儘管繁多不可勝數，也只是幾天之內的創造結果。如果物競天擇的理論果然無誤，則創世紀便純屬謊言。

　　這並不是現代時期第一次發生聖經受到嚴格科學檢驗的情況。自本世紀初以來，文學批評家和史學家就試圖把聖經裡的神話跟事實區隔開來，讓它跟其他歷史文件一樣，接受同類的科學分析。這種分析被稱爲「高等批判主義」（higher criticism），它最早是在德國的新教神學院裡熱烈展開的，到十九世紀末時，歐美各地的聖經學者就都在作這樣的研究了。高等批判主義會被稱

之爲「高等」，主要在使它與較早只尋求建立正確聖經內文版本的批評有所區別。高等批判更感興趣的是聖經的作者——他們的資料來源、神學動機和歷史背景。因此高等批判便不以聖經內容爲上帝啓示之作，卻爲人類出於特定時空背景、爲求便宜行事，且針對不同聽衆而成之作。最後，高等批判也終於在否定上帝啓示之餘，而不得不落入質疑聖經本身權威性的結論裡。

不過也不是所有基督徒都視演化論和高等批判爲威脅。事實上，有些新教徒和天主教徒，反而視這兩項科學產物爲新鮮有趣的助力，可以爲基督教的信仰提供新的處理途徑。那些採取此一立場的人士被稱爲宗教**現代主義者**（Modernist）。這些宗教現代主義者認爲，聖經的高等批判主義證明，早期基督宗教雖然要比古代世界裡其他的宗教更爲先進，卻仍然不免爲其本身時代的產物。因此，基督宗教以其傳統的形式，勢將與現代世界格格不入。但是這些宗教現代主義者仍然相信，只要由生物演化論裡擷取其隱喻，則基督宗教依然能有其適應性的成長，因此也必定會演化成更適合現代的一種形式。

宗教現代主義者對新教主義的衝擊尤大，因爲他們顛覆了介於現代與稍早福音派基督教派所企圖描繪之傳承間的微妙平衡。美國新教徒發現演化理論和高等批判中的暗示，特別讓人困擾。這些人多藉著對信仰採取愈來愈保守的態度，來回應宗教現代主義。於是許多主張聖經絕對無謬性，並反對像是物競天擇這類異端邪說的能幹教師和神學家（路德派和改革派尤甚），於焉產生。在更流行的層次上，十九世紀晚期的保守基督教則是聯合成了後來稱爲**基要真理派**（Fundamentalism）的信仰主張。基要派其實不是一個單一的教派，而是跟福音派新教主義一樣，是一套跨越宗派疆界的信念與態度。西元一九一〇年時，此一運動的基本要義

被置於一系列爲人統稱爲《基本眞理》（The Fundamentals）的初階讀本裡，發行問世。這些初階書籍強調了基要派基督教的五大基本要點：(1)聖經的全然無誤性；(2)耶穌由童女所生；(3)救贖僅限於被揀選者；(4)耶穌肉身復活；以及(5)耶穌寬大的第二次臨來。因著這些堅持，美國的福音派基督教派實質的分裂成三個獨立的陣營：偏左的宗教現代主義者，偏右的基要眞理派，以及對極端自由派和保守派都不表同情，卻被迫得周旋於此二者之間的中間大多數。久而久之，基要派和宗教現代主義派之間的緊張情況，也威脅到讓很多宗派也產生隔閡，其中便包括了浸信會、長老會和衛理公會。

二十世紀初期，有好幾次基要眞理派和現代主義派之間的緊張情況都到了幾乎要攤牌的地步。基要派覺得生物演化的理論特別令人生厭，因而在許多州議會裡提出法案，主張立法禁止公立學校裡教導此一理論。就這方面來說，在一些南方州裡基要派是頗爲成功的。事實上，西元一九二五年，一位名叫約翰·司寇普斯(John Scopes)的高中生物老師，就因爲違反田納西州禁止教授進化論的法規而受審。但是，起先一場單純的民事審判，後來卻迅速演發成了現代主義派與基要眞理派相抗的公民投票。司寇普斯的律師，克萊倫斯·達容（Clarence Darrow，1857-1938），向來以其自由派的立場聞名，大膽對抗該州的檢察官，威廉·簡寧斯·布萊恩（William Jennings Bryan，1860-1625）。他是向來以捍衛基本眞理爲己任而聞名。此二人的名氣吸引來了全國民衆對此事的關注，讓這場審判成爲全國矚目的焦點。雖然後來布萊恩輕易的打贏了這個官司——司寇普斯被判一百美金的罰金——但事實上最後付出慘重代價的，卻是基本眞理派。很多出席此一審判的記者，包括著名的作家兼批評家門肯(H.L. Mencken)，

都在他們的新聞報導裡，對熱心衛道的布萊恩大肆取笑。這段期間，大部分的媒體都對所有形式的宗教保守主義充滿敵意，而且等到審判過後，有關無知的基要派人士食古不化的阻攔進步的題材，更成為美國媒體和小說裡常見的題材。當然，基要派也並沒有從此消失，只是該運動矮化了它在美國的形象，讓它轉趨於內，形成了它自己活躍卻封閉的次文化。就這樣又過了五十年，基要派才重新在美國文化中，以一種強勢團體的身分，重新出現。到這時，宗教現代主義已經式微，而現代主義本身的一些假設反又成了眾矢之的了。

廿世紀的新教基督教派和現代性的危機

　　廿世紀前半期裡發生的許多事件，都動搖了西方對現代性的信心。科技和進步似乎只帶來了大量的死亡和財富的巨大損失。到第一次世界大戰(1914-1918)結束的時候，啟蒙時代的樂觀和現代人對理性主義及科技的讚揚，都已被一股深沉的悲觀心情所取代。等到二次世界大戰(1939-45)結束，這種悲觀更瀕於絕望的地步。在納粹慘絕人寰的大屠殺披露於世之後，更尤其如此。不過奇怪的是，雖然戰後的這段時期裡，大部分的歐洲人名義上是為基督徒，大規模的宗教復興卻並沒有隨之產生，具教友身分的人數也在下降。事實上，很多人都認為基督宗教已經欲振乏力。在面對現代生活的可怕狀況時一籌莫展，因而轉向存在主義和心裡分析之類的新的世俗哲學，以此為對抗現代化的解毒劑。

　　但是，隔著大西洋，美國很多新教宗派，卻益發朝向類似十九世紀初保守福音派基督宗教的發展之途。二次世界大戰之後，美國進入了一段持續到西元一九六〇年代的繁榮和成長期，大多數美國人是在尋求一種能使其中等階級生活方式為之完整的單純

而穩定的信仰，而不是在向它提出挑戰。不但如此，介於西方民主國家和馬克思俄國與中共之間這種所謂的「冷戰」，也讓教會中的會友大幅增長，因為正常的教會生活已經成為「美國主義」和愛國熱誠的標記。

　　但是這樣的成長還是有其限制。在迅速擴張十年之後，主流新教教派的會友人數在西元一九五七年達到了高峰，而從此走向下坡。看起來，教會保守主義的日益盛行，是和二次大戰之後美國文化裡呈擴張趨勢的保守態度相互呼應的。但是到了五〇年代末期，在繁榮帶來支持力與及世界大戰的記憶日漸淡化之餘，美國的文化開始了另一場趨向自由主義的轉變——一個教會慢慢地配合跟進的轉變。到了西元一九六〇年代，很多新一代的年輕人都開始全然放棄基督宗教。在這段時期裡，大眾對神祕修行和玄學的興趣日增，對新信仰療法之類的新宗教運動也感到興趣。很多人都為東方禪宗、超覺靜坐和國際克里希納意識學會（International Society for Krishna Consciousness）——亦即所謂的「克里希納大神」教（Hare Krishna，西元一九六〇年代創於美國的印度教派，總部設於紐約，信奉克里希納神祇）——等宗教運動的新奇所吸引。還有些人則採取「世俗的」心理學和其他療法來處理他們所關切的生存之事。經過了一段時間，這些人中也有些又回到了基督宗教裡，但是整體而言，美國的新教在這段期間應該還是賠損的，而且還不只是短時間的現象而已。

　　為了回應西元一九六〇年代裡的文化與宗教混亂，美國很多溫和保守派的清教徒開始積極尋求在壁壘分明的保守基督徒之間，建立起聯絡的橋樑來。西元一九七〇年代早期，便出現了偏右性的福音派、基要真理派，和其他保守基督教的團體間的一次鬆散的聯合。在面對反傳統文化的挑戰下，「福音聯盟」的成員

開始了解到，儘管存在著那些傳統上分裂的歷史和神學性的差異，他們還是共享了某些核心性的價值。除以聖經為中心的屬靈看法外，福音聯盟也都同意一種以家庭價值和對抗全球共產主義的強烈國防意識為中心的社會與政治議事體系。福音聯盟在透過各種精妙的電子媒體——特別是電視——來傳播其信仰上，特別具效果。像派特‧羅勃森（Pat Robertson）、傑瑞‧佛威爾（Jerry Falwell）、吉米‧史華格（Jimmy Swaggert），和吉姆‧貝克（Jim Balder）這些電視佈道家，都在西元一九七○年代末期和一九八○年代裡成了家喻戶曉的人物。福音信息變得如此普遍，以致於在這段期間，連一些政治人物也覺得至少得動動嘴巴，來表達對福音事務的關切。不過，儘管保守基督宗教有其影響，但是它們也從未在全國人口中達到一六％以上的比例。這個數字在西元一九八○年代和一九九○年代早期也都是這樣穩定維持著的。

二次世界大戰後的羅馬天主教

羅馬天主教在戰後這段時期裡也是循著類似的趨勢發展。雖然羅馬天主教在全世界各地的成長相當可觀，但是歐美教會對它的支持卻在衰落。不過，與新教教會不同的是，羅馬天主教教皇的中央集權控制，使得羅馬天主教得以此而作出回應，採取協同一致的行動。西元一九五九年，教宗約望十三世（Pope John XXIII，1881-1963）召開了一次新的教會會議，來作為「更新教會活力的新的聖靈降臨節」。諷刺的是，第二次梵蒂岡會議是在包容了許多宗教現代主義的成分下進行的。而「更新」（aggiornamento）也成為此一會議的標語。在西元一九六二至一九六五年間參與梵蒂岡第二次會議的人，都一心藉著重新促成教會裡平信徒和輔祭（天主教裡的祭司助理）廣泛的參與，來復興平信徒對

教會的熱心。聖禮也做了改革，改以當地語言來取代長久使用的拉丁文，而傳統上在彌撒過程中向來習慣面對聖壇站立的祭司，如今也改成面對會眾。同時該會議也謹慎認可了高等批判，並讓大眾更易於取得聖經譯本。

此外第二次梵蒂岡大公會議，也在無意中鼓勵了教會中一種開放的態度，讓平信徒和低層神職人員起了前所未有的新想法，開始對其主教和教會組織體系中的其餘成員提出質疑。第二次梵蒂岡大公會議批准之聲明中所含的那許多現代主義的立場，都跟大多數主教的保守見解起了衝突，後者則多不願進行這樣的改革。不但如此，很多天主教的信徒也因為第二次梵蒂岡會議，而食髓知味的推動起更激進的改革，要求梵蒂岡取消長久以來禁止人工節育、神職人員結婚、同性戀，和女性按立的禁令。但是梵蒂岡對於這種異議份子的容忍，卻只是曇花一現而已。到了西元一九六〇年代末期，教宗保祿六世領導下的教會就又開始雷厲風行的對抗起這種現代主義的趨勢。例如，教宗通諭中的〈人類生命〉（Humane Vitae，1968）文件裡，就重申了教會對人工節育的禁令。不但如此，整個一九七〇和一九八〇年代裡，梵蒂岡都積極尋求控制或止息自由派天主教學院和教會領導人出言反對教會階級組織制度的議論。而積極倡導墮胎權力的婦女信徒也受到嚴厲的駁斥。如此一來，這種堅定不移的保守立場便受到許多不滿份子日益擴大的批評，對教會這種威權領導的方式竭力非難。事實上，雖然很多人依然忠於教會，但近年來歐美各地放棄天主教信仰的人數都屢有增加。

俄國的東正教

令人驚訝的是，今日歐洲僅餘的一個仍呈穩健成長的地區，

卻是俄國。雖然有西元一九一七年無神論馬克思主義的勝利，和其後七十年隨之產生的宗教迫害，俄國的東正教會卻還是存活了下來。等到西元一九八五年戈巴契夫取得政權以後，他的改革與開放的政策就開始配合著對教會政治壓力的逐漸鬆綁而進行。等到蘇維埃聯邦終於在西元一九八九年解體以後，東正教就已經做好預備，要在俄國展開基督教的大復興了。就某些方面來看，這場大復興是很成功的。事實上，在西元一九八八年到一九九三年之間，估計俄國三十歲以下的人口中，有超過三分之一的人是加入教會的，而俄國一億五千萬的國民裡也有四〇％至六〇％的人，是歸屬於信徒之列的。在舊有神學院逐漸復校的情況下，神學院的就讀人數也在激增之中。不但如此，莫斯科的教堂數目也由西元一九九一年的四十七間，增長到了西元一九九七年的三百七十間，更有以三億美金的巨額投資來重建西元一九三一年遭史達林所毀的莫斯科耶穌救主大教堂之舉。①

　　俄國東正教的重生也並非一無問題。有些該教的批評人士便認為，它正在快速的失去它獨立於政府之外的立場，而且可能會淪入有若往日舊沙皇政權下的那種政治工具的地步。不但如此，在經過幾十年共產黨徒的迫害以後，如今此一脫穎而出的教會顯得極端的保守。教會的領導者常勇於消滅本身行列中的異議份子，而一些教會領袖也致力於使東正教成為俄國境內唯一的宗教選擇。例如，近年來俄國的國會就推出了新的立法，不但要設法重建俄國東正教，更要禁止所謂的新教「不敬虔教派」（ungodly sects）的出現。對很多俄國尋常百姓來說，這已經成為一項極廣為人知的問題。事實上，就連倖存的共產黨也企圖討好東正教，以取得其信徒的支持，故而保證會在重獲政權之後，阻止外國非東正教的傳教士大量湧入俄國境內。不過，要論定這種宗教沙文

波列索夫神父在莫斯科的聖寇司瑪和達彌恩教堂（Saints Cosmas and Damian Church）主持主日彌撒。自從一九八九年共產黨垮台以來，俄國的東正教就開始了一段靈性的復興期。

主義究竟會發展到怎麼的程度，或是俄國東正教的大復興，能在蘇維埃政體垮台後所生之幸福感逐漸淡去之後，還能持續多久，實仍嫌太早。

現代時期的基督宗教

正如我們本章所見，基督教的傳承在現代這個時期裡經歷了巨大的改變。在很多方面，現代主義都跟之前的舊基督教的世界觀，產生了極大的衝突，而很多由此而生的困境，又促成了該傳承更大的多樣化。不但如此，就在現代主義本身的價值逐漸落入

質疑，而西方也進入了一個名至實歸的所謂「後現代」時期的此刻，此一過程已經進入了一個新階段，並取得了新的複雜性。在最後一章裡，我們將探討「後現代主義」衝擊基督教的一些層面，特別是有關其傳統信念和儀式方面。但是，在進到這一步之前，我們還須在此一現代時期討論另一方面向的基督教的歷史。這是一個我們幾乎還全然未觸及到的層面，但是事實證明，它也和現代主義所帶來的衝擊一樣，對該傳承的未來發展是極為重要的。這就是基督宗教的全球化。

註 釋

①Greg Burke 及其他幾位作者，＜大復興：舊教會 - 新氣象。正如正統基督徒慶祝復活節，其教會也期望一個更聯合的第三個千年期＞，（"Revival: Old Church - New Outlook. As Orthodox Christians Celebrate Easter, Their Church Hopes for a More United Third Millennium,"）《時代雜誌》（*Time*）May 1997：47-9；Lee Hockstader，＜俄國東正教會正在感受重生之痛： 批評者指控它跟政府過從甚密＞（"Russian Orthodox Church is Feeling Rebirth Pains: Critics Accuse It Of Coziness with Government"）《華盛頓郵報》（*Washington Post*），April 15, 1996, A1；Uli Schmetzer，＜新俄羅斯與宗教勢力對抗＞（"New Russia Confronts Religious Power"），《芝加哥論壇報》（*Chicago Tribune,*）November 12, 1996：1。

6 基督宗教的全球化
The Globalization of Christianity

前　言

在西非象牙海岸的行政首都雅穆索戈城（Yamoussoukro）的市郊，你會看到一個奇異的景象。就在鄰近這個城市郊外的一個森林裡，壯麗的聳立著世界上最大的教堂——羅馬天主教的和平聖母大教堂（Our Lady of Peace）。該教堂是以後文藝復興時代的風格所興建，有六二三英呎長，圓頂聳立於地面上五二五英呎高之處，因此要比羅馬的聖彼得大教堂，還要高出一百英呎左右。整個教堂區前面有一條佔地七・四英畝、以意大利大理石舖成的大道，有一二八根排成一列的陶立克式圓柱將它部分圍住，這些柱子每根都有八四英呎高，十英呎寬。教堂廣場可以容納三十萬人，教堂本身則可容納七千人在裡面做禮拜。該教堂是在一千五百名高明工匠的手下，以不到四年的時間建成的，耗費的成本據說達一至二億美金之譜。象牙海岸的總統和該計畫的發起人，已故的烏弗埃・博瓦尼（Felix Houphouet-Boignet），是爲獻給梵蒂岡作禮

西非象牙海岸的羅馬天主教平安聖母大教堂是世界上最大的教堂。雖然該教堂位於非洲，但它卻是由西方人籌資興建的。

物而興建此一大教堂的，希望它能成爲非洲天主教徒，甚至全世界基督徒的一個朝聖目的地。①

　　雖然說，在非洲見到這樣一個世界最大的教堂，未免令人驚訝，然而這正是此基督宗教在逼近三千年的時刻所面對的基本事實的象徵：在過去一千多年以來，第一次出現了世上多數基督徒不是歐洲人。如今基督教的核心地區已經不再是西方世界了。正如一位觀察家近日所稱：「到下一世紀中葉……作爲一種世界性的宗教的基督宗教，將史無前例的發展成爲以赤道和南緯地區爲重心的局面，而且很可能除了東正教以外的所有主要教派，都注定得視這些地區爲其核心地區……」②今天，每十位基督徒就會有六位全是在歐美以外地區的。既然最多基督徒的人口已不再是

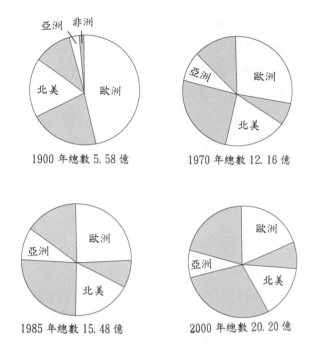

1900 年到 2000 年之間，全球基督徒人口分布的變遷。

1900 年總數 5.58 億

1970 年總數 12.16 億

1985 年總數 15.48 億

2000 年總數 20.20 億

西方國家，因此世上最大教堂不見於西方，其實也是理所當然。

不過，聖母大教堂也只是一個模糊的象徵。因爲它雖然位於非洲，且贊助人的國籍也屬非洲，但是該教堂也反映出，西方對非西方的基督宗教持續施加的控制。例如，該教堂裡的所有神職人員都是來自波蘭，而其運作的成本大部分也都籌措自西方。而更明顯的，或許就是該教堂的建築風格完全取自西方傳統的事實，聖禮也絕少當地的儀式型態，而出現在該教堂三十六個彩繪玻璃中的無數人物形象，也沒有一個是黑人。

當然，基督宗教早就出現在西方以外地區。從最早的使徒時代以來，基督教的信息就已傳往地中海盆地以外的地方，而且到了中世紀，亞洲和非洲就已經出現了興旺的基督教的社會。但

是，最熱烈的基督宣教工作還是從現代起。歐洲人在十五世紀發現了新世界以後，羅馬天主教很快就傳到了南北美洲。在接下來的幾世紀裡，羅馬天主教的傳教使命非但沒有在美洲消退，在亞、非兩洲也持續進行。即使在十六、七世紀新教改革粉碎了西方基督宗教的完整之際，羅馬天主教也一直在東南亞和非洲建立成功的宣教工作。而在新世界，加拿大、墨西哥和中南美洲有許多人皈依羅馬天主教。從十八世紀開始，先是歐洲後是美國，這些地方的新教徒在連續幾把復興之火的激勵下，也開始到世界各地去傳教。許多新教宗派都發展出了精細的宣教組織，並且常形成合作性的教派聯盟來進行這樣的工作。這些新教的宣教組織使用有效的行政體系和巨大的財力支援，於十九世紀，將新教徒的基督教傳播到很多西方以外的世界。因此，到了二十世紀末期，世界上幾乎每個角落都有基督教傳教士的足跡。

基督教的非西方世界宣教工作，正好跟海外殖民帝國的興起相互呼應，此事實非偶然。事實上，西方政府常常視基督教化，為達成其支配非基督徒民族之政治與經濟的快捷途徑。傳教士常跟殖民地行政官員攜手合作，來實現這樣的統治，因為他們深信，西方的統治對這些「落後」民族有所助益。基督教化常常以西方化來表現，而大多數傳教都有這樣明顯的態度。二次世界大戰之後，舊有的歐洲殖民帝國隨即開始解體，而於西元一九六〇年代末實質地完全脫離殖民地。在某些地方，這是一種自然循序的結果，但是也有一些地區卻是歷經流血戰爭，才得以獨立。不論這種脫離殖民統治的結果是如何獲得的，其過程本身總是對各地的新獨立民族造成衝擊，促使他們對西方文化的各層面，重新進行徹底的評估，其中也包括了基督宗教。因此在非西方世界裡，基督宗教與西方殖民主義持久的關聯，成為極具引爆性的問

題，有些地方，基督宗教的活動甚至受到官方的禁止，認為這畢竟是外國文化，而且對於全面擺脫殖民文化有所妨礙。

不過，儘管如此，大多數非西方基督徒還是沒有拒絕該傳承，而事實上，後殖民時代的基督宗教成長還在激增中。造成這種成長的理由之一，就是非西方基督徒已經同心合力的創造出了更具本土性的基督宗教表達方式。這表示有更新的、更有地方性的教會制度產生出來，有致力於訓練本土神職人員的努力，也有許多新的反映地方文化狀況的象徵和儀式。當然，創造新的基督教形式也並不簡單。正如西非聖母大教堂所表現出來的，基督宗教的西方文化背景基本上很難動搖，而主要基督教派的領導權也仍在西方，但是創造新的非西方基督宗教的形式過程，卻也依然急速進行。在有些地方，它是在傳統宗教的結構下進行的，另有些地方則是產生了脫離舊有傳承的新興基督宗教形式，其中很多都是融合了本土信仰和儀式的混合體。不論是哪一種情況，已進行數世紀之久的基督教多樣化過程，此時都益發加速起來。本章我們將探討存在於美、亞和非洲當地民族間基督教會史。

拉丁美洲的基督宗教

繼十六世紀西班牙和葡萄牙對美洲的征服之後，羅馬天主教隨即展開了傳教工作，先是在加勒比海，不久後就到了拉丁美洲大陸。這些西班牙人在那裡遇到了許多不同種族的原住民，他們的社會發展差異極大。在墨西哥、瓜地馬拉和祕魯，阿茲塔人、馬雅人和印加人形成了精緻複雜的都市文明堪與歐洲相比擬。無數的貿易路線把這些高度文明的影響力，推展到更遠之地。暗藏於這些多樣性文明之下的，是許多長時間在不受外力干擾下同等地發展出的多樣性宗教信仰和制度。但是這些西班牙征服者和天

主教傳教士卻都無意理解其所面對的文化複雜性。對於前者而
言，重要的是在建立政治與經濟的控制，而後者所重的，則是從
「撒旦的魔掌」下拯救這些靈魂。但是兩方面卻密切合作，導致
本土文化的急遽破壞。

　　儘管天主教傳教士極力拔除這些本土的信仰、概念和象徵，
然而它們從來未曾完全消失。事實上，其中有很多都逐漸混入了
當地的天主教儀式之中。以墨西哥來說，前往墨西哥市特佩亞克
山（Tepeyac Hill in Mexico City）的朝聖之旅就是一例。相傳一名
叫做胡安·狄亞哥（Juan Diegs）的印地安人，曾於西元一五三四
年在那裡遇見了聖母瑪麗亞顯現。由於此一遭遇，狄亞哥的外袍
就神奇地印上了一位黑皮膚的聖母形象。直到今日，成千上萬的
天主教徒還虔誠的行此朝聖之旅，到特佩亞克去瞻仰而特為此一
目的而修建之大教堂內的聖母掛象。不過這個狄亞哥傳說沒有加
以說明的是，早在西班牙人來此之前，特佩亞克山就為阿茲塔克
人所敬崇，以它為托南欽女神（Tonantzin，意為「我們的母親」）的
聖地。很多現代學者都認為，並且很多早期的天主教傳教士也一
直這樣懷疑，這種對特佩亞克山瓜達盧普聖母（the Virgin of
Guadalupe）的敬崇，有部分是古代阿茲塔克神祇另一種形式的延
續。拉丁美洲各地都有這樣的景況。很多原住民都常有意無意地
透過對天主教象徵的創造性運用或是重新詮釋，保存其原有宗教
裡的部分內涵。

　　幾世紀以來，羅馬天主教在拉丁美洲這片新天地裡享有屬靈
的壟斷。但西元十九世紀各國紛紛獨立之餘，拉丁美洲也分裂成
好些個共和國，其中很多都企圖削減教會的勢力。各國的西裔菁
英份子都跟過去的國王一樣，力圖控制教會。於是，羅馬天主教
在拉丁美洲享受了四百年的毫無質疑的霸權，終於為之動搖。

但是到了西元二十世紀，天主教會又開始慢慢地重建它在拉丁美洲的地位。第二次梵蒂岡大公會議對拉丁美洲教會尤具影響。幾世紀以來，不論是殖民時期或共和時期，拉丁美洲的天主教會基本上都是一種保守的組織，積極支持菁英份子的權利和特權。但是在梵蒂岡第二次會議裡，會議要求各界更關切世界各地的社會公義，並要求神職人員和平信徒更積極從事窮人工作。在拉丁美洲，這種更重視社會公義的要求，隨後導致了**解放神學**（Liberation Theology）的產生。在李奧納多·波夫（Leonardo Boff）和瑪·索布林諾（Jon Sobrino）這些解放神學家的眼中，罪不僅是個人失敗所生的結果，同時是社會不公的影響所致的。因此，天主教徒有義務為社會正義而奮鬥，不亞於須為對抗本身罪行所作的類似努力。有些時候，一些神父和修女個人都實質地投入在激烈的革命運動中，不過大多數教會都還是以非激進的方式，在拉丁美洲追求社會正義。例如，透過西元一九七〇年代和一九八〇年代的一系列主教會議，拉丁美洲的教會領袖終於設計出一些長期的策略，把牧會的工作重點轉移到美洲地區受經濟和政治壓迫的民眾身上。最後，解放神學的發展，不僅對拉丁美洲衝擊極大，也對菲律賓和南非等地發揮了影響。

　　受了羅馬天主教的影響五百年之後，今日的拉丁美洲有九一·八％的人口至少名義上自稱為天主教徒，也就不是什麼值得驚訝之事了。③只是近年來愈來愈多拉丁美洲人改信新教，這個數字現在正逐漸下降。這些新教團體中成長最為可觀的，大概就數**聖神同禱會**（Pentecostalism）的新教，也就是一個強調個人受到聖靈充滿的重要新教教派運動。聖神同禱會在本世紀初的最初十年興起於美國，很快就傳遍了北美和加勒比海地區，近年來更傳遍了拉丁美洲其餘地區。今天拉丁美洲估計共一千八百萬的新教

信徒裡，大約七○％是屬於聖神同禱會。

　　拉丁美洲的聖神同禱會信徒多出自較低的經濟階層、日薪勞工和失業人口。聖神同禱會強調於敬拜中自發性的參與，以及講方言之類即時的宗教經驗，很多人都是受此吸引而來的。造成聖神同禱會成長的一個重要原因，是主要倚靠平信徒事奉這一點——任何受到聖靈感動的人都可以出來事奉。因此，聖神同禱會很自然地就發展出了自己本土性的神職人員。不但如此，雖然它們也會有一些外界的財力支援（主要來自美國），但是聖神同禱會的團體通常都傾向於小規模、禁慾，並且多為自給自足。④

　　有些人會引用聖神同禱會潛在的融合性因素來解釋它的受歡迎性。對宗教研究的學者來說，聖神同禱會強調聖靈充滿、信心醫治，和邪靈存在的這些事實，在在顯示它似乎有延續美國和非洲本土傳承的意味。不過儘管情況可能如此，聖神同禱會在他們的儀式和象徵表現上，仍多傾向極正統的基督徒。只是拉丁美洲也不乏具明顯融合性特點的悠久基督教的傳承。加勒比海地區有很多傳承可作為天主教和傳統非洲宗教思想和象徵兩相混合之例。例如古巴的散特瑞教（Santeria）就是混合了西非酉魯巴教（Yoruba）宗教信仰和天主教教義的混合體。海地的巫毒教（Voodoo）也代表混合了奈及利亞、貝南和薩伊諸神紙和羅馬天主教裡聖徒崇拜的一種結合。同樣的，商戈（Shango，在千里達）、文提（Winti，在蘇利南）和萬斑達（Umbanda，在巴西）也都是高度融合性的基督宗教。這些傳承裡，每一個都強調神靈附身、下咒，和信心醫治，而且也都拓展到了其原生國家以外之地。

北美原住民的基督福音

在討論非西方的基督宗教時，北美原住民之間的基督宗教常常都是受忽略的一群。在整個殖民時期裡，美洲的原住民一直都是西班牙、法國和英國傳教工作的對象。美國建國以後，聯邦政府仍常使用基督徒的傳教士爲印地安人的代理人，准許他們在印地安人的事務上有相當大的影響力。聯邦政府同時聘請了羅馬天主教和新教徒來擔負此職。到今天，幾乎已經沒有任何美洲原住民部落尚未爲基督宗教所觸及，最多也只會是一些程度上的差別而已。北美最早接受傳教的民族之一，就是美國西南的普埃布羅族(Pueblos)，他們曾在西元十七世紀強烈抵抗方濟會傳教士的工作。事實上，普埃布羅族人有段時間，還曾反抗過西班牙人的控制和強迫歸信基督，並遏阻西班牙人的親近達幾十年之久。甚至就在西班牙人重獲掌控以後，普埃布羅族人還一面公開舉行天主教儀式，一面繼續祕密從事其自身的部落宗教儀式。

另一方面，其他的北美原住民部落也都已經接納了基督宗教，所以今天他們已經不大從事自己的傳統宗教儀式了。例如，亞利桑納州的雅奇族(Yaqui)和喬治亞州的柴拉基族(Cherokee)就在殖民時代集體接受了基督宗教。不過，大多數的部落都是一次一個人接受該信仰的，而且要過上好幾代，整個部落才會完全轉移主要宗教。可能正因爲如此，就連今日在本土宗教愈來愈受重視，以致部落宗教重新復興之際，很多美洲原住民還是決定繼續守住其基督徒的身分。事實上，最爲人知的美洲原住民宗教人物——黑鹿(Black Elk，約1863-1950)——就曾以一生大部分的時間獻身爲天主教傳道師。今天也有相當大比例的美洲原住民視自己爲基督徒。⑤

美洲原住民也曾以許多更具創意的方式來對抗基督教化的挑戰，而不單是排斥或接納而已。從殖民時代直至今日，許多原住民之間所興起的新興宗教運動，都不乏將原住民所用之象徵與儀式作法混入基督宗教象徵方式裡，形成了高度融合性的混合結果。例如，伊洛郭族的長屋教（the Longhouse religion of the Iroquois）便是發展自「福音」（Gaiwiio,“Good News”）的一種宗教，它是一位名叫美麗之湖（Handsome Lake，1735-1815）的極具號召力的塞尼加族人（Senecca）所得的啟示。曾在西元一八九〇年的傷膝（Wounded Knee）地方，導致蘇族印地安人（Sioux Indians）悲慘下場的鬼舞運動（The Ghost Dance movement），其實是早在該事件之前十年就已經開始推展的一項運動。一位聲稱為此舞蹈創始者的派尤特族人（Paiute）沃弗卡（Wovoka）表示，是一位明顯具有耶穌形象的人向他啟示該舞的。但是美洲最為生氣蓬勃的原住民新興宗教，大概就數美洲原住民教會（the Native American Church）了。這是一個兼具基督教和非基督教形式的新興宗教，以舉行一種使用迷幻藥的儀式為重心。這種迷幻藥取自於一種無刺的仙人掌，經過消化後，會形成輕微的幻覺。幾世紀以來，墨西哥北部的印地安人都以這種迷幻藥為其複雜宗教儀式的一部分。十九世紀，使用該迷幻藥於儀式中的做法傳到了美國，並正式納入原住民教會的儀式中。雖然美國政府竭力打壓該運動，它還是蓬勃發展，且被用為聯合所有美洲原住民、超部落性的工具。有趣的是，很多地方會眾也努力把基督宗教的成分納入於其儀式之中。這種迷幻藥的使用常被喻為類似基督教的聖餐禮的一部分，而該迷幻藥中的神靈也常被當成耶穌。讀聖經也是這種典禮常見的特色。最令人驚訝的就是，如此融合性的會眾是完全為一般美洲原住民教會所接納的。這種以耶穌為中心的會眾，被認為只是該運動諸多教

派中的一個更具部落性的變體而已。

亞洲的基督宗教

　　本章所討論的三個地區中，亞洲受基督教的影響最小。這裡
的基督徒平均只佔亞洲各國人口的三‧五％。但是因為亞洲的人
口眾多，該地區仍然在全球基督徒人口中佔有高達十％的比例。
早在西元七世紀，景教的（Nestorian）基督徒就已經在中國打下
基礎，他們所建的教堂維持了兩世紀之久。十四世紀又重新燃起
對中國的興趣，因而有方濟會所進行的一次北京傳教任務，希望
能帶領忽必烈可汗皈依，但終告失敗。十六世紀西班牙控制了菲
律賓的群島，而菲律賓也成了忠實的天主教國家。十六和十七世
紀裡，耶穌會傳教士到了中國和日本，而且有段時間也成功地在
這兩個國家裡建立起很多小會所。例如，方濟‧沙勿略（Francis
Xavier，1506-52）在日本的福音工作就曾經獲得相當大的成功，
要到西元一五九二年才因迫害而減緩成長。

　　此後，亞洲也跟前述地區一樣，要到十九世紀西方展開大規
模的殖民擴張以後，基督宗教才開始在菲律賓以外的地方顯現長
足的發展。西元一八四〇年鴉片戰爭以後，西方強權開始在中國
取得殖民的立足點。於是羅馬天主教和新教傳教士紛紛自歐美兩
洲來到中國，幾乎在每個省裡都建立了教會。但是儘管資源投注
甚多，又有西方傳教士常駐於此，中國的基督徒成長仍然極為緩
慢，只有少數會所得以在中國土地長久立足。中國革命導致共產
黨在西元一九四九年趁機奪得政權以後，教會的擴張就更困難
了。因為該政府公開主張無神論，只准許教會在最嚴苛的條件下
運作，而對神職人員和會友的迫害也一直持續到今日。今天，估
計中國應該有三至五百萬的基督徒。⑥

在亞洲的其他地區，由於政治和文化障礙之故，基督教的進展也十分有限。基督宗教在亞洲各地(可能就除了菲律賓以外)遭遇的坎坷，或許就在於其外來性及其與西方帝國主義間令人無法釋懷的關聯性。可諷的是，也許正因為其源出外地之故，基督宗教在某些亞洲國家裡反倒常被用為抗議宗教。在這方面，韓國就是個極有趣的例子。在整個現代初期歲月裡，韓國一直竭力抵擋西方和基督教的影響，但最後韓國卻受到一個非西方勢力——日本——的殖民統治。日據時代(1910-45)，長老會和衛理公會的傳教工作卻出現了長足的發展，將幾百萬韓國信徒帶進了教會。何以如此呢？主因或許就在佛教與韓國的殖民壓迫者——日本人——的關係極為密切。而基督宗教雖為外來傳承，卻能作為對抗日本影響的適當抗議宗教。今天韓國計有一千四百萬以上的基督徒。

融合(syncrtism，指宗教上而言)也是基督宗教在亞洲取得成長的一個因素。例如，洪秀全(1913-64)的太平天國叛亂，就曾將基督教、道教和佛教的象徵大融合。近年來，越南也出現了鴨蛋教(Caodaism)，它乃是佛教、道教和羅馬天主教的一項混合。或許當代最有趣，也最成功的一項宗教融合運動，就數起源韓國的統一教(Unification Church)。統一教是西元一九五四年由文鮮明牧師(Sun Myung Moon，生於1920)創立的。多年以前，即西元一九三六年的復活節那天，文鮮明宣稱，耶穌向他顯現，要他負起在地上建立上帝國度的責任。在接下來的幾十年裡，文鮮明在特定時刻也跟其他諸多宗教的領袖人物有過溝通，例如佛陀和摩西等。有一次，甚至還跟上帝本身。基於這些會談所得之啟發，文鮮明發展出了一套自己的宗教教導，出版了名為《神聖原則》(*Divine Principle*)一書。在書中，文鮮明宣達了

一個彌賽亞式的千禧年宗教，要致力於世界的統一，期待上帝國度的建立。文鮮明的信息流行甚廣，有效地傳播開來，所以到六〇年代結束的時候，文鮮明已經主領了一個全球性的宗教運動，就是韓國所稱的「統一」，亦即西方所稱的統一教。到了西元一九七〇年代，單是美國一地，文鮮明的信徒就達三千萬又五千之眾。⑦

非洲的基督教

　　非洲曾出現世界上較早的國家性基督教會。相傳衣索匹亞教會是在西元四世紀初由敘利亞傳教士所建，而且一直維持到今日。雖然如此，在大部分的非洲歷史裡，基督教的影響力一直極為有限。第七世紀伊斯蘭教的興起，更使得北非的傳統基督教會聞風披靡。很快地伊斯蘭教便成為大多數北非國家的主要宗教，直到今日全部非洲人口裡也有四二‧五％的人自承為伊斯蘭教徒。⑧另一方面，在撒哈拉以南的非洲，則一直未容伊斯蘭教和基督宗教傳入。部分的原因在於當地直到今日都甚強勢的本土性宗教傳統。另一個因素則要歸咎於，伊斯蘭教徒與基督教徒的奴隸販子合力推波助瀾的奴隸買賣貿易的興起。一旦讓幅員廣大的撒哈拉以南非洲地區的人民皈依此一信仰，那麼原可作為奴隸買賣的取材人選，就會少掉許多。畢竟，如果奴役的對象只是些「異教徒」（pagan），則這些伊斯蘭教徒和基督徒的良心責難是可以減輕不少的，況且也較符合經濟利益。只有葡萄牙的天主教徒曾為了向非洲人傳福音用心作過一番努力。他們在西元十六至十八世紀之間，一直不斷派遣傳教士到非洲西海岸去，只是他們的工作也沒能發揮多少持久的影響。

　　隨著西元十八和十九世紀全球奴隸買賣的消失，在撒哈拉以

南的非洲的，這種情況也開始改變。到了這時候，伊斯蘭教的領袖已無政治興趣，也無資源可向這個地區傳教。由於西方殖民主義的壓力，伊斯蘭教在其本身的核心地區都已難於維繫其既有之地位。另一方面，西方既同時擁有政治意願和資源可支持非洲的基督教化，便在西元十九世紀早期展開了大規模的傳教活動。起先這樣的傳教工作多是新教在做。例如在西元一八二七年，由英國國教和衛理公會所籌資建立的佛拉灣學院（Fourah Bay College）在獅子山成立，是一所供黑種非洲人就讀的神學院。這些年來，該校便接連產生了許多當地極傑出的神職人員和傳教士，在非洲西海岸建立起極穩固的基督社區網路。但是大多數的西方傳教工作還是落在白人傳教士的手中。到西元一八九〇年代，數百名甚至數千名的白人傳教士來到非洲，他們大多數都不辭辛勞的投身在建教堂、學校和醫院的工作上，並將聖經翻譯成無數的當地語言。後來羅馬天主教也恢復了它在非洲的傳教事工，如果我們可稱西元十九世紀和二十世紀初是新教傳教工作的黃金時代的話，那麼西元二十世紀的後半期便是天主教在非洲傳教的黃金時代。今天它幾乎在所有非洲國家裡都是勢力最大的一個教派。總括來說，現在非洲總計有超過一億五千萬的基督徒人口，而散置於非洲的薩伊、迦納、多哥、烏干達、辛巴威、納米比亞、安哥拉和南非等國家，基督徒，則佔其人口的多數。

　　基督宗教能在非洲出現如此可觀的成長，部分原因在於蓬勃發展的非洲獨立教會運動。這些運動可溯源至西元十九世紀。多數這類團體的出現，原因部分須歸於當地企圖重新得回一度失落於西方殖民主義的政治、經濟和心理上的主控權。有些獨立運動的教會，分別代表了欲自英國國教、衛理公會、長老會和浸信會等教派已建立的宣教工作中脫離的態度。大多數持分離主張的獨

立份子都仍保有其母會的聖禮和教會架構。這些分離派教會所爭的主要議題，在於教會裡沒有黑人的主導和晉升管道，還有就是尖銳的文化不合問題。這些運動的領導者都選擇以「非洲」或「衣索匹亞」等名字為其標籤，象徵其運動乃自覺性的努力，目的是要建立合於非洲本地狀況基督宗教的新教。

廣為流行的東非復興派（East African Revival）或救贖派（Balokole；意為「得救者」）就是這樣一個運動。復興派自西元一九三〇年代由盧安達的英國國教宣教的勢力脫離以來，就發展出一種修正過的英國國教聖禮制度和以村莊為基地的組織架構。天主教也未能完全免除這種想透過分離主張來取得更大本土掌控權的趨勢。方濟會的普勒阿德斯‧坦波斯（Pleaide Tempels，生於1906）便在薩伊創立了一項取名為「朱瑪」（Jumaa，史瓦希里語為「家庭」之意）的運動。西元一九五三年，它更實質脫離了天主教獨立出來。雖然就其主張之天主教義而言，該教派仍屬正統，但是它所強調的則是地方主控的重要性。類似的掙脫天主教掌控的行動，在肯亞（聖母軍團）和辛巴威（聖心天主教會）也屢有出現。除了那些脫離自主流教派的教會以外，也有些教會是在其他較小基督教派的影響下形成的，後者不少是來自美國。像南非一整個系列的獨立錫安教會（Zionist），就是根源於福音派基督天主教會（Evangelical Christian Catholic Church）的傳教工作，而該教會則是由約翰‧亞歷山大‧度維（John Alexander Dowie）於西元一八九六年在伊利諾州的錫安市所創立。撒哈拉以南非洲傳布最廣的運動守望塔教會（the Church of the Watchtower），又稱奇塔瓦拉教會（Kitawala），可追溯其源至本世紀初抵達非洲首批耶和華見證人教會的傳教工作。奇塔瓦拉教會的強烈千禧年主義讓很多人為之興奮，所以直至今日守望塔團體仍見於在中、南非洲各

地。

　　非洲的獨立教會運動也有其更具草根性的表現。這樣的運動
多在地方上極具號召力的先知領導下推展，而且很強調信心醫
治。或許這類獨立教會中最有名的例子，就是緊隨威廉・偉德・哈
維斯（William Wade Harris，1865-1929）先知工作後所成的運
動。哈維斯是一位自由派學校教師，也是個名義上的衛理公會信
徒。他聲稱經歷了一連串的異象，見到了天使迦百列（Angel
Gabriel）命令他要帶領非洲西海岸信仰的改變。於是哈維斯過著
禁慾的生活，成為一個遊走四方的神醫和佈道家，教導簡單的基
督一神論，並且明示大眾，只要他們放棄「異教的偶像」和傳統
宗教儀式，就可以得更好的生活。如此傳道一年以後，哈維斯便
成功的帶領了好幾千人受洗，而且儘管哈維斯自己並沒有建立任
何教會，一所「哈維斯派」教會還是自然產生，而且存留到今
日。不但如此，哈維斯的先知工作成為無數其他先知性運動的典
範，在西元二十世紀的非洲各地不斷發生，例如薩伊的欽班古教
會（Kimbanguist church），奈及利亞的阿拉杜拉教會（Aladura，
意即「祈禱之民」），以及尚比亞的朗帕教會（Lumpa）。像這樣
值得一提的獨立教會裡，還有幾個是由一般民眾之間建立起來
的，它們中間很多先知創始人都被人當成新的彌賽亞和千禧年預
兆。直到今日，新興的獨立教會還在不斷興起，使得非洲土產基
督宗教的多樣性依然衍生不絕。

　　在很多情況下，西方所傳布之基督宗教的問題，倒不在缺乏
本土的領導者，而是這些傳教工作所顯現的對傳統信仰與儀式做
法的缺乏尊重。因此我們發現好些獨立教會的興起，不但是民眾
對具有領袖魅力的領導人宣召所做成的回應，也為致力於本土宗
教的象徵和基督教象徵的混合。在這些新傳承的教會裡，像祖先

崇拜、食物禁忌、巫術信仰，在某些情況下，甚至包括一夫多妻的做法，都被保留並納入基督教的情境裡。這種新傳承主義教會最成功之例，包括了薩伊的「我們祖先的神教會」（Church of the God of Our Ancestors）和加彭的「入會者教會」（Church of the Initiates）。如今更多新傳承主義的教會正如雨後春筍般的在非洲各地的村莊和城市興起，而且在其信仰的高度地方特性和儀式做法均獲保存之餘，其外展上也仍保持地方性。

諷刺的是，在很多情況下，這些新傳承主義者的團體，其所創造的融合程序反倒是得力於翻譯聖經的普遍易取性。這些聖經以更近於非洲鄉村文化而非西方傳教士文化的背景寫成，也常為一般非洲鄉下人照其字面意義所理解。新舊約裡那些豐富的異象、夢境、神蹟、玄術和巫術，並不需要解釋成寓言來帶過，而是被接納成地方信仰和儀式自然演生出的結果。就連一夫多妻這種西方人深痛絕惡的習俗做法，也能在舊約大衛和所羅門的例子找到足夠的先例。因此，儘管西方傳教士盡心竭力勸阻了幾十年，這些新傳承主義的獨立教會卻只須訴諸聖經本身的權威，就得以對抗西方所宣稱的融合主義訴求。事實上，非西方民族所處前現代（premodern）的世界，實在更近於聖經作者所處的時代，而非今日西方傳教士之所出，因為後者的世界觀其實代表的，是現代主義與基督宗教之間的一種折衷。

全球基督宗教的未來

基督宗教在邁入其第三千年之際，已經真正具備了全球宗教之姿。但對該傳承整體而言，這究竟具何意義呢？目前要下定論當然仍不容易，但是未來這幾十年，應該就是將對該傳承未來前途發揮決定性影響的關鍵時刻。正如我們於本章所提，也許該傳

非西方基督教
的藝術表達

整個基督宗教歷史曾接連經歷好些不同的文化，每個都設法透過它自己獨特的藝術形式來表達有關基督教的神話和概念。當然，這些情況也都傾向於視地方性藝術風格和媒體爲如此藝術之規範。例如，基督宗教在塞爾特人世界裡成爲國教以後，拉丁基督徒便認爲塞爾特（Celtic）極爲複雜矯飾的宗教藝術，不大適合此一信仰。中世紀的倫巴底（Lombard）基督徒也把一些阿爾卑斯山以北非羅馬式教會建築貼上了「哥德式」的標籤，一個當時頗具貶抑意味的名詞。同樣的，早期拉丁美洲、亞洲和非洲地區的西方傳教士也常在涉及宗教藝術之際，禁止人使用本土性的主題、技巧、和材料創造地方性的作品，反而硬把西方的美學價值觀加諸其中。由象牙海岸的聖母大教堂固然可見一斑，其實這樣的態度至今也未全然消失不見。只是在今日大家既已愈來愈意識到這種將主觀和種族中心之偏見摻進美學判斷中的不當，西方基督徒便愈來愈願意接受不同文化的基督教的象徵出現，並按其自身的條件來欣賞這種宗教藝術的內在本質之美。

這幅最後晚餐的紅木浮雕之作，爲東非圖西（Tutsi）部落人所刻。

承所受到的最大的挑戰，就在於西方與非西方基督徒間關係的演變上。我們已經看到，雖然有脫離殖民統治獨立運動的產生，但是西方人依然對非西方基督教的命運握有某種程度的控制和影響力。很多殖民時代以後建立的教會仍然使用其殖民者所用的歐洲語言，而神學和聖禮大多也仍有賴西方的神學和哲學詞彙。因為這種種的理由，所以這種情況應該還會再持續一段時間。大多數西方外的教會成員都很貧窮、年輕（第三世界的人口有四二％年齡在十五歲以下），而且缺乏受教育的機會。⑨

　　但是那些史上有名的教派還是愈來愈覺察到，西方的統治其實正在把會眾驅離於這些主流基督教派之外。在拉丁美洲，羅馬天主教的領袖依然看到他們的會眾年年都在大批脫離教會，轉去跟隨像聖神同禱會這種能予人更多本土性和參與的基督教會的選擇。在非洲，據說每年都有高達四十五萬的信徒離開天主教和新教的教派，成為聲勢日隆的獨立教會運動之一份子，而後者則是每一年都有將近一百種的新興教派產生。為了因應這種情況，這些老字號的教派已經開始邁開大步，努力促成更多本土神職人員的產生，並在教派的階級職等上多方拔擢非西方人員。例如，在羅馬天主教會裡，亞洲和非洲的主教人數就已經由西元一九五一年的三十三人增加到今天的七百人。類似的統計數字在諸多著名新教的教派裡，也時有所聞。

　　雖然如此，西方以外的新興教會成長，向來還是出於對行政掌控的慾望，和它對文化交流的期待。正如我們在本章裡已經看到的，想使基督宗教和當地的信仰及習俗作法融合為一的強大慾望，是一直存在的。由於歷史上基督宗教向來傾向於強調正統和正確的儀文作法，因此不管是教義的發展或融合方面的變異性，都一直受到強大的抵制。就連今日，西方教派的領導當局依然是

對文化交流的容忍度極爲有限，原因就在懼於見到它最終的融合產生。就像梵蒂岡第二次大公會議雖然呼籲天主教更本土化，但是羅馬天主教的路沙卡（位於尙比亞）大主教，伊曼紐·米林哥（Emmanuel Milingo），依然在西元一九八二年因被控支持融合的轉變而被迫辭職。因此，在追求嚴格正統主義兩千年之後，西方教派是否終將在不久的將來放棄其保守立場，仍十分可疑。

那麼，這是否表示如今西方與非西方基督宗教之間正發展出一道永恆的隔閡，就像過去曾毒化羅馬天主教和東正教之間關係的那種情況？答案是很令人驚訝的「很可能不會」。就像我們在前面第三章裡提到過的，期待基督宗教全球性合一的慾望一直都很強。而這種期待合一的慾望，今日實在更甚於往日。自從本世紀開始以來，在了解到西方社會正在變得益發世俗化和物質主義化之餘，西方各教派之間便產生了更大的合作，甚至有重新聯合的情況。這種普世**基督教會團結運動**（ecumenism）的精神近年來促成了很多極具盼望的對話。但是，在過了一段時間，發現世俗化不只出於西方，也出自全世界其餘各地，西方基督徒很可能被迫不但要跟其餘的西方基督徒取得諒解，也要跟世界各地各種文化背景的基督徒達成和解。⑩如此一來，在面對另一個迅速全球化的世界觀——現代性——的競爭下，基督教的傳承勢將正視其分歧的多樣性，而非閃躲逃避了。

註　釋

①＜世界最大的教堂＞（"World's Largest Church"），《基督世紀》（The Christian Century）February 1-8，1989： 106；Hugh Dellios，＜信心之旅。天主教教義對抗新時代的疑慮與要求。第三天：非洲，教區努力爭取皈信者。＞（"Journey of Faith. Catholicism Confronts the Doubts and Demands of a New Age. Day Three: Africa, Parishes Struggle to Gain Converts."）《芝加哥論壇報》（Chicago Tribune），December 10, 1996:1；Richard N. Ostling，＜樹叢裡的大教堂＞（"The Basilica in the Bush"），《時代雜誌》（Time），July 3，1989：38-9。

②Taylor，＜基督宗教的未來＞（The Future of Christanity）： 636。

③同上： 642

④David Martin，＜拉丁美洲福音派和領袖派的基督宗教＞（"Evangelical and Charismatic Christianity in Latin America"）出自 Karla Poewe 編輯之《以領袖性基督教為一種全球文化》（Charismatic Christianity as a Global Culture）（Columbia, SC: University of South Carolina Press, 1994）：73-86。

⑤William K. Powers，＜黑鹿發言，大家且聆聽＞（"When Black Elk Speaks, Everybody Listens"）出自 David G. Hacket 編輯之《宗教與美國文化：讀本》（Religion and American Culture），（London: Routledge, 1995):423-36 。

⑥亞洲的基督徒統計： Taylor， ＜基督教的未來＞（"The Future of Christianity"）： 649-53；C. Rene Padilla，＜解放的時代＞（"An Age of Liberation"），出自 Tim Dowley 編輯之《基督宗教史概論》（Introduction to the History of Christianity）（Minneapolis: Fortress Press,1995）： 631-43。

⑦Eileen Barker，＜統一教＞（"The Unification Church"）出自 Timothy Miller 編輯之《美國之另類宗教》（America's Alternative Religions）（Albany, NY: State University of New York, 1995）： 223-30。

⑧Taylor，＜基督宗教的未來＞（"The Future of Christianity"）： 645-49；Padilla，＜解放的時代＞（"An Age of Liberation"）： 634-5。

⑨Taylor，＜基督宗教的未來＞： 641。

⑩近年來，基督教的學者之間常發生的幾個主要辯論題目之一，便是基督徒應
對融合主義和宗教多數主義全體持何種適當之回應態度。雖然此一討論就哲
學上來看，具有高度的技巧性，但是有興趣的學生還是可以參考 John Hick 所
作之《基督徒唯一性之謎思：趨向於宗教之多數主義神學》（*The Myth of
Christian Uniqueness： Toward a Pluralistic Theology of Religions*）
（Maryknoll, NY： Orbis Books, 1987）或 John Cobb 所作之《空虛化的上帝：
佛教徒猶太人、基督徒間的談話》（*The Emptying God： A Buddhist-Jewish-
Christian Conversation*）（Maryknoll, NY： Orbis Books, 1990），可以得到有關
此一辯論之報導。

7 後現代時期的基督信仰和儀式
Christian Beliefs and Practices in a Postmodern Age

前　言

西元廿世紀肇始之際，有些學者開始猜測，大多數的西方人將在現代性的衝擊下，放棄其信仰，並循其過往所行，創造出益發世俗化的社會來。換言之，現代性的世界觀，終將完全取代早在進入現代之前的那些以基督宗教形式表現的世界觀。但是如今我們已經接近本世紀結束之期，卻發現這種世俗化的過程顯然並未如預期的發生。西方制度性的基督宗教固已式微，教會的會友和聚會人數下降，選擇在教會結婚的人也已大幅滑落，神職人員的數目減少，基礎性兒童宗教教育更降到史無前例的低落情況。但是，這並不是因為西方人已經放棄了前現代（premodern）的世界觀。事實上，公開的民意調查似乎顯示，西方人還是一如以往的屬靈。不但如此，雖然基督教的制度不振，基督教的觀念和象徵卻依然瀰漫了西方文化。我們又該如何解釋這一切呢？

其實西方基督宗教所發生的狀況似乎顯示，社會各層面的人

都不再覺得必須在現代與前現代的世界觀之間，作成死板不能變通的抉擇。這些人既不滿於現代性的某些缺失，也了解前現代世界觀所具有的某些限制，而有心要過一種能平衡此二者的生活。當然，這樣一個平衡的行為需要高度理智上的彈性、自發性、和樂於妥協的意願。因為彈性和自發性並非制度性教會所強調的價值，特別不為那些堅持嚴格正統教會所有，因此很多人便開始離開教會。這樣，漸漸地，宗教開始被人認為是一件私人性的事務。雖然制度性教會的成員持續在減少，但這並不表示西方就是變得更世俗性或是較少基督徒。它僅僅表示，基督宗教本身正在趨向私人化和非制度化。

學者們把這種趨向有意識地混合前現代和現代兩類世界觀的普遍趨勢，稱之為「後現代」，因此我們在今日社會所見的這種宗教性平衡行為，也可以很恰當的稱之為「後現代」基督宗教。在某些方式上，後現代基督宗教只是普及的基督宗教的一種新版本。每種「正式」宗教都有其「普及的」轉化。一般來說，流行的宗教都出自那些跟制度性宗教鮮有接觸、極少宗教訓練、宗教訊息多得自非正式管道者所形成的產物。學者們也發現，就算沒接受過正式的宗教教育，大多數人還是會設計出基本的宗教體系，採取那些他們能找得到的思想和儀軌，藉它們來處理日常生活裡的生存問題。這樣的「普及的」宗教體系，可能並不具絕對有條理的知識性，但是如果一個人相信它對產生食物或財富有幫助，或是能夠醫治其身體或心理上的疾病，那它就很可能會大行其道。這些年來，那些普及的基督宗教形式所經歷的，好些世紀以來，基督教的國家裡絕大多數的人，都只接受了極少甚至根本付之闕如的正式宗教教育，不然就是跟制度性教會鮮有聯繫。然而，這樣的人還是設法為自己創造了可行的（只是或許相當特異）

基督宗教版本。在很多情況下，那些普及的基督宗教無視於官方為教義純淨性所表示之關切，依然展現高度的融合性，而將正統基督宗教與民間信仰和儀式相結合。某些時候，就前所見的，這些融合性的信念和儀式也會受到制度性教會的容忍或採納（例如，聖徒和朝聖的信仰）。但是很多時候，由於普及的基督宗教多見於窮人和文盲之間，所以制度性教會對它們的典型反應，通常只是簡單的忽視它們的存在。

但是，今天西方的情況變得非常不一樣，雖然後現代的基督宗教跟過去的普及基督宗教共有某些重要的特點，但是兩者之間還是存在著某些關鍵性的差別。儘管後現代基督宗教也跟普及基督宗教一樣，傾向於表現高度的特異性、強烈的實用性，和樂於融合性，其妥協的程度甚至可以達到公開否認基督教的唯一性。但是，它跟普及基督宗教不同的是，後現代主義的基督宗教是社會各階層人士的，而不是單屬窮人和邊緣人的。現代主義的挑戰和它後來的崩潰，迫使西方社會裡每個人都得重新評估起其個人所信。就連那些傳統上最能從支持制度性教會中得到好處的有錢有勢的人，也覺得必須對制度性基督宗教僵化的前現代世界觀有所批評。他們也開始修造一些獨立於制度性教會以外的宗教途徑。就今日而言，這表示後現代基督宗教現在是同時遍見於鄉村和都市環境的各社會階層的。正因為如此，後現代基督宗教也開始以過去普及基督宗教所從未能及的各種方式，對制度性基督宗教發揮起影響力來。

不過，我們必須強調，後現代基督宗教本質上是一種複數的現象：世上並沒有「一個」後現代基督宗教的傳承。在這一章裡，我們將讓後現代主義各層面的信念和禮儀，與制度性教會所擁護的「官式」信仰及儀式作出對比，從而描繪出西方的後現代

基督宗教。與此同時，我們也將探索後現代與官式信仰及儀式之間的緊張關係，是如何使得整體基督教的傳承漸漸開始置換的。

後現代的西方基督信仰

最近美國所做的民意調查都重複指出，絕大多數的美國人都相信宗教是生命裡極重要的一個部分。這倒不是什麼出人意表的大發現，因為美國人民向來都表現得具有高度宗教熱忱。該調查所顯示出的較不尋常的訊息是，有幾乎等量的多數民眾覺得，一個人應該在不受組織性宗教的影響下，獨立決定其個人的宗教信仰。事實上，即使是那些參與組織性宗教的人，也少有認識其教派在諸多教義問題上所持之立場的，甚至也完全不明白，究竟使其教派有別於他派的，是些什麼樣的教義問題。①

■信上帝

西元一九九〇年代初期，九四％的美國人表示他們相信有神。這些人多宣稱，他們不時能清楚感知到上帝在他們生命裡的同在，經驗到神的帶領，並且積極尋求與上帝之間一種更密切的關係。西方其他國家也跟美國一樣，依然多傾向有神論，只是不再如以往的強調。在現代主義的腐蝕下，西方國家對上帝的信心在已經這幾十年裡漸漸耗損，而今日西方各地都對不可知論和無神論的容忍也愈來愈高。就連美國人十之八九也都表示，只要這個人願意，他是有權不相信有神的。②

另一件值得注意之事，就是信徒在理解上帝觀念的共識上所受到的蝕損。多數的西方官式基督宗教過去都是以三位一體的教義來建立起上帝、耶穌和聖靈間的一種同一性。不過它也實在頗難理解。普及的基督宗教則傾向於推翻這種綜合神觀，以便創造一種更合邏輯也更簡單的神祇概念，視上帝為米開朗基羅繪在西

斯廷禮拜堂（Sistine Chapel 教宗專用的小教堂）天花板上造型的灰鬍老人。後現代基督宗教大體上也是排斥三位一體的信念，只是它也未能產生任何普遍為人接受的另類描述。在西歐，信有神的人中大約只有半數是接受神人同形的觀念的。另一半人則認為上帝只是一種良善的觀念，或是隱存於自然法則之中的神靈。有些人甚至以其他宗教的神性概念來理解上帝。於是他便成了道教裡無位格的道（Tao），或是吠檀多印度教（Vedantic Hinduism）裡無屬性的大梵（Brahman）。今天，我們已經無法為西方的上帝的概念做出一種概括化。③

　　儘管美國人相信一位具位格上帝的人口比例，遠超於西方任何其他國家，但是他們也仍無法理解此種位格神的觀念，而作成一致的意見。而有關上帝性別的問題就更難以處理了。過去，無論官式基督宗教或普及基督宗教都是以上帝為絕對男性的，雖然聖經也有部分段落顯示，上帝實有偏向兼具男女兩性的本質。但是在今天，連制度化基督宗教也開始更嚴肅地正視上帝的兩性兼具本質。例如，在西元一九八三年，全國教會會議就發布了一種中性的聖經讀法。此一翻譯小心地稱上帝為「天上的尊親」（Heavenly Parent），以對抗一般偏向把上帝想像為絕對男性的傾向。事實上，新近含性別的聖經譯本則把主禱文裡開始時的熟悉詞句，改成了「上帝，我們在天上的父親與母親……」（God, our Father and Mother, who is in the heavens……）④

　　但是，也不是所有人都能接受這樣的趨勢，因為他們擔心這樣的翻譯會危害到「上帝命定的男性與女性的唯一性」。西元一九九七年，美國最大的聖經出版商，國際聖經協會，就因屈服於保守福音派的壓力，而放棄了他們稱為一種「性別正確的」聖經譯本，也因而導致了偏自由派基督徒的批評。例如，女性主義神

學家就已經爭議了幾十年，認爲聖經的性別歧視是當年將聖經紀錄成書的那個古老時代的產物，跟聖經本身的信息並不一致。事實上，對她們來說，聖經裡具性別歧視性的語言正是對傳統基督教的父權主張展開全面性批評的起點。因此，雙方都視聖經語言之改變，爲最可能造成基督教的傳承大幅改變的催化劑。⑤

■信耶穌

　　西方對史上的耶穌的信心，似乎仍然牢固。西元一九九六年時，美國全民中有超過九三％的壓倒性多數毫不懷疑耶穌在歷史上的存在，而大多數的西歐人也是一樣。但是在論到耶穌所具之意義時，這種毫無疑義的情況就改觀了。據官式基督宗教的看法，耶穌是上帝派遣來拯救世人脫離其罪，以使他們與上帝和好，得免於最後審判日之滅亡的。據說耶穌是在兩天之內完成這件事的。第一，耶穌是人的身分，他透過自己的生命和服事爲人類展現了一個完美生命的模範，讓每個人都可以毫無疑問的得到救贖。第二，信徒被教導，耶穌就是上帝本身，他在十字架上的受難和死亡是一種神性的犧牲，能克服這個世界本質上的罪性，讓所有人類的救贖成爲可能。過去，普及的基督宗教傾向於高舉耶穌的神性高於其人性。但是到了現代，此一趨勢便已逆轉：他的人性和作爲道德之師的角色倒顯得更爲人知。不但如此，就連在那些單以耶穌爲可敬道德之師的人之間，以其爲最偉大道德之師的看法也大不如前。現在很多歐洲人只把耶穌視爲與穆罕默德或佛陀爲同等而已，這便減弱任何宣稱基督教的道德見解是唯一，或是西方普遍的道德洞見或優越性主張。⑥

人類的本質和命運

　　基督宗教的救贖觀也跟別的世界性宗教一樣，終究爲一種死

後生命的應許。基督教會教導信徒，人類的靈魂是不朽的，而且本來是命定要在天堂裡與上帝的臨在永恆存在的。但是，它也教導，人類的始祖，亞當和夏娃背叛了上帝的意志，因而危害了他們永恆快樂的生命。因此所有人類共同擔當的「原罪」(oringi-nal sin)的緣故，全人類都自然具有違背上帝意志的傾向。耶穌在十字架上的死亡所除去的，是此一原罪所生出之後果，而非人類的罪性，因此，就連基督徒也常有落入原罪中的危險，進而危害到他們獲得不朽生命的機會。遵循耶穌的道德教化，是避免此一危險的一種方法。但是要避開地獄之火和滅亡的唯一可靠辦法，則是要坦白承認自己的罪性，並且透過由罪行與恥辱所生的痛苦而產生真正的悔改。

可以想見的，這樣的基督徒的人性圖像裡很多都已被西方人所排斥或拒絕。雖然西歐和美國仍十分相信死後的生命，但歐洲人相信有天堂或地獄的人卻要比美國的少很多。全歐洲人中大約有四七％的人相信有天堂，二四％的人相信有地獄。同樣的民意調查卻顯示，美國人裡有將近七八％的人相信天堂的存在，四八％的人相信有地獄。當然，雖然相形之下美國人信有地獄者的比例顯然較高，但我們也得指出，真正認為他們會落到如此下場的美國人幾乎是少之又少的。西元一九九一年裡，在被問到是否認為他們有下地獄的可能時，就只有四％的人回答有。⑦

天堂這方面，儘管依然為西方十分普及的觀念，卻也少有對其狀況持強烈意見的人了。新約裡耶穌和保羅(天主教為保祿)在談到天堂的時候，都是以它為一個真實的場所，是義人在上帝面前永恆侍立之處。保羅甚至宣稱曾經被提到「第三層天堂」去，只是他必須對那裡的真實情況有所保留。只有在啟示錄裡我們才見到了天堂的具體景象：在那裡，天堂是描繪為耶路撒冷城的天

上複製，是以水晶、寶石，和貴重金屬打造的，其中則是上帝和耶穌以碧玉做成的寶座。居住在這座城裡的，是有著永恆唱著天上讚美詩的千萬天使。稍後的天堂觀念則由都市轉趨鄉野，以它為一種伊甸園般景象。新近離世的人會在這裡見到他們所愛的過世親人，並且過著一種幾近世上野餐會的生活。

　　但是，儘管美國人對天堂的興趣依然高昂，但是八○和九○年代裡，大家都已厭倦於描繪它，而是把它想成一種永恆的心理狀態，而非一個場所。有些學者則認為，隨著科學宇宙論的產生，現代主義已經使得具體的死後景象顯得難以置信。另一些學者則認為，相信輪迴之說者日眾，是造成大眾普遍無心於天堂異象的另一原因。今天，有將近四分之一的西方人承認相信輪迴之說。他們認為，天堂是得在我們已經經歷過一連串無窮盡的生命週期以後才到達得了的所在，因此也就遙遠得幾乎無法想像。⑧

　　在基督宗教諸多關乎人類本質與命運的核心信念裡，有關原罪的教義或許是西方歷經最多轉變的一項了。正如一位評論家曾言：「……因個人原罪而生的迫切感在目前樂天的美國宗教型態裡幾乎已經蕩然無存。」相信原罪教義的人愈來愈少，而認為孩子天生有罪的想法，也令多數西方人感到嫌惡。很多西方人都不認為不可接受的行為是罪性所生的結果，而應是出於心理、社會，甚至生理問題所致。這種把罪降低到有可能「治療」的人性層面的趨勢，意味著原罪已經不再如過往那樣，是感受罪惡感和恥辱的直接原因。事實上，今天的心理學家都不認為罪惡感是上帝所給的一種糾正靈魂錯誤的工具，反倒是一種會使人喪失能力的情緒，應該驅逐放人的心靈之外。或許就是因為這樣的理由，西方主流教會的神職人員已經不再於講道和訓誡中強調罪和滅亡的下場。事實上，多數的聽眾都認為這樣的主題並不適切，是一

種過時甚至是有害人性的前景預估。⑨

天使和魔鬼

　　後現代基督宗教最可諷的一點就是，儘管西方已經日漸安於抽象的天堂信念，並否定了原罪的眞性實，卻仍有相當多的人對這兩者的具體代理人——天使和魔鬼——深信不移。當然，天使和魔鬼在基督宗教裡也早已有了長久的歷史。基督宗教由猶太教裡繼承了極強的這類受造物的傳統，而在新約裡，天使和魔鬼也是經常出現的。例如，天使加百列就是爲瑪利亞帶來了她將奇蹟的受孕且生下耶穌的信息，而耶穌自己在其傳教過程中也一直受到以撒旦本身爲首的魔鬼勢力的對抗。後來此種天使與魔鬼的神話就一直盛行於西方。但是自從西元十八世紀啓蒙運動以來，多數官式文本裡就不再強調天使和魔鬼的眞實性，而且爲了配合這個時代的理性主義，天使和魔鬼也成了制度性基督宗教裡善與惡的比喻，而不再是具體存有物了。而有關這類事物的普遍信仰，也開始式微。

　　但是到了西元二十世紀末，以天使和魔鬼爲具體實存者的信念，又令人訝異的重新登了場。在美國，承認相信有天使並曾親身遇見過天使的人數，正在增加。有關天使的大衆讀物也常一連數月榮登暢銷書榜，成爲大衆市場上的常見現象。以天使爲主軸的雜誌也已興起，連網際網路上也有它的網址。大多數超級市場上出售的八卦小報，都常刊登有關天使的報導，甚至一些宣稱爲天使的照片，其出現的頻率甚至高過幽浮方面的。此外，天使也是電視和好萊塢的電影裡的突出角色。天使學方面的所謂「專家」，或是那些宣稱見過天使的人，都已成爲經常應邀出席電視和廣播訪談節目的來賓。有許多人甚至甘願支付高達幾千美元的

代價，參加一種所謂「心理治療」的研習會，其發起人聲稱，可以幫助人與其守護天使建立接觸，以利個人的成長。對於這番天使熱的起因，很多人都做了揣測，指出基本上其特質應屬非教派性，並認為這正是其吸引人之處。雖然現代天使學的細節很多都取材於羅馬天主教，但是大多數對天使感興趣的人，還是單純視其為無關任何基督教派的純粹精神存有著。很多人都常引用天使普遍見於其他世界性宗教這一點為證，證明其特徵基本上是非基督教的。⑩

　　這一場熱衷於良善天使的風潮起自西元一九九〇年代。而近十五年前，也曾有另一波類似的熱潮橫掃西方，那一回的主角卻是魔鬼而非天使。其實早在那以前，現代西方就不再熱衷於以魔鬼為邪惡之私人代理的想法了。在樂觀的理性主義世界裡，以撒且為有角怪物的古老基督教的產物，早已顯得不合時宜。但是，在歷經兩次世界大戰，無數機械化屠殺，和現代世界的其他諸多邪惡之後，撒且又不再顯得遙遠，而美國更是如此，以至於撒且的熱衷也在那裡達到了新的高潮。也許就是因著這股撒且熱的緣故，許多以撒且為主題的流行媒體也隨之出現。從西元一九七五年的《大法師》（*The Exorcist*）開始，撒且附身便成了美國電影的主流。西元一九八〇年代，一種「撒且恐慌」更掌控了美國，甚至導致特別警察單位的成立，專以調查全國各地無數暴力性撒且崇拜的報導。雖然事實證明，要在美國找到真正的撒且教並不容易，而且美國人相信撒且已下降，只是很多人依然對大眾文化裡的撒且主題深感興趣。⑪

後現代基督教的儀式

　　在這整冊書裡，我們長久以來對基督教的儀式，從早期教會

極其簡單的洗禮和聖餐儀式，直到中世紀和改革時代教會發展出的複雜聖禮，勾勒出了一個梗概。在這段時期裡，基督徒的全部生活都被構建起來，以致於每一天、每一年，甚至整個人生週期（出生、結婚、死亡），都是按一段段神聖時段有規則的強調出來的。今天，這樣的演化還是在繼續，只是步履更為之加速。在後現代基督宗教裡，很多最重要的基督教的儀式都已為人排斥或是置之不理了，有些則經過修正或與非基督教儀式混合為一。另有些情況則是，過去長久為某些基督宗教方面所忽視的一些儀式，如今又重新被發掘並更新。

■教會崇拜和祈禱

在西方，參加主日崇拜的人數和一般人對聖禮的認識，都已急遽的下降。事實上，我們很可以說，聖餐已非大多西方基督徒生活中的核心性聖禮，這種情況天主教和新教皆然。而且在西方不再強調原罪的情況下，認罪和告解現在幾乎也已走入歷史。但是，大多歐美人士仍會請教會居中主持其人生過程中的一些重要關鍵點：出生（洗禮），成年（結婚）和死亡（葬禮）。在羅馬天主教和英國國教的傳承裡，這已經導致了所謂的「崇拜教會」的現象——也就是教會中的多數會眾只參加這類過程性的儀式——讓神職人員十分不樂。有些教區裡的教士甚至要脅不為那些不能有規律參加崇拜的人主持儀式，但是這也只不過迫得這些人連這類儀式也不必參加了。⑫

如果說出席安息日禮拜的情況正江河日下，那麼進行個人性儀式的做法卻正可謂大行其道。據最近的調查顯示，在問及該如何解釋多數自認相當虔誠的美國人卻不參加崇拜的理由時，很多人都說，這是因為他們寧可自己私下敬拜，而不想去參加公開的崇拜。或許就因為這樣，西方的禱告風氣現在又重新抬頭。禱告

含各種人種的會眾在倫敦的聖瑪麗天使大教堂(St.Mary of the Angels)裡崇拜。

是基督教的儀式裡最民主的一項,它常被視為一種個人與上帝直接接觸的方法,可以向祂表示感恩,祈求或單為經歷上帝的臨在。因此,對大多數基督徒而言,禱告能給人一種安全和安慰的感覺,而且對某些基督徒而言,禱告更是其最強烈和令人滿足宗教經驗的來源。基督教的禱告是一種承繼早期猶太教的儀式,四福音書裡就曾明確吩咐信徒要常常禱告。在馬太和路加福音裡,耶穌曾教導門徒作一種簡短的禱告(即主禱文),其中承認了上帝的主權,祈求祂的寬恕赦免,並祈求祂在日用所需上持續施恩供應。導致今日許多西方基督徒深受吸引的,似乎就正是禱告的這

種簡易與隱私性。

禱告風氣的重新興起對美國的普及文化也有重大的影響。今天《美國圖書總目錄》（*Books in Print*）裡有超過兩千本有關禱告的作品，還有一千多個基督徒聯合禱告會在全美各地興起。很多都經過組織，由一般平信徒帶領，有些禱告會還讓個人借助基督教的神祕主義、印度瑜珈和佛教冥想的技巧來設計自己的「禱告計畫」，藉此來宣傳推廣。⑬

禱告在西歐較不普遍，大概只有不到四分之一的歐洲人經常禱告。但是近年來一項以法國為基地的基督徒聯合禱告運動又開始盛行，如今不但已推廣於歐洲各地，也盛行於日本、印度和美國。此一運動以西元一九四〇年代其所始法國東部村莊之名命名，稱為泰澤（Taizé）。其目標是要促進非教派性的集體禱告，以努力促成普遍的靈性復興。泰澤禱告儀式包括了默想，詠唱即席讚美詩、歌曲、格列高利聖詠（Gregorian chant）與燃燭焚香，有時候還吟唱印度風格的曼怛羅（mantra；印度教和佛教的咒語）。泰澤是以一個僧侶組織為核心所建立起來的。該組織包括了來自今日基督教的各教派一一〇位僧侶，它鼓勵大眾組成地方性的「小組」，而在地方上進行泰澤式的禱告。此外，據稱每一年都會有成千上萬的人由世界各地到泰澤來朝聖，以一週的時間集體禱告。西元一九九〇年代，國際化的泰澤集會還曾在世界各地的城市舉行，西元一九九四年的巴黎集會更吸引了將近十一萬人，來參加這場為期五天的禱告。雖然該運動是極端非教派性的，但它也得到了教宗約望保祿二世和坎特伯里大主教喬治坎瑞之流的宗教領袖的認可。⑭

■基督教的節慶

西方對制度性崇拜所表現的這種曖昧態度，也見於基督教的

禮儀年。雖然有些基督教的節慶依然保有高度普及性（如耶誕節和復活節），但是另一些卻幾乎已完全爲人遺忘（如受難日）。例如，西元一九九七年全美國有九六％的人以某種形式慶祝聖誕節，也有大多數美國人仍然紀念復活節。但是，對大多數人來說，這些僅只是家庭假日，而復活節當日雖可謂基督教年曆裡最重要之節日，卻也只有一半美國人會去教堂做禮拜。然而，從正面看，也有調查顯示，很多人對聖經和基督教義的那一丁點知識，大多也都跟這兩個節日有關。美國州政府和地方政府這方面，也一直樂於保護這些節日的官方地位，即使是在美國近年來宗教多元論的聲勢日高之際，也未曾改變。但是其他基督教的節日就不見得享有同樣的待遇了。近年來一場欲使受難日成爲伊利諾州各級學校之法定假日的集體訴訟案，便遭到了駁回。按一位法官的解釋，這是因爲正式慶祝受難日會「傳達基督宗教爲受偏祖的宗教是不可允准的信息」。截至目前爲止，想向聖誕節和復活節這些具高度普遍性的節慶類似的挑戰都已失敗。⑮

有些教會在面對大衆對基督教的節日興趣日趨冷淡的情況下，已經開始嘗試一些較適於其教區群衆的新節慶。例如，有些非裔美國人教會就已經採取以「匡薩」（Kwanzaa）爲一個基督教的節日。「匡薩」出自史瓦希里語，意思是「初熟的果實」。這個節慶由十二月廿六日一直持續到一月一日，重點是在紀念七大原則：合一、自我決心、集體勞動和責任、合作經濟、目的、創造力和信心。匡薩節是西元一九六六年一位名叫毛拉納‧朗‧卡朗加（Maulana Ron Karenga）的黑人社會運動者所創。卡朗加希望匡薩節能予黑人以重新發現其文化根源的機會。因著匡薩節的日趨普遍，有些非裔美國人教會也開始把匡薩節納入儀文中。現在洛杉磯的「信心聯合衛理公教教會」（The Faith United Methodist

Church)就會在慶祝匡薩節期間，舉行特別的「匡薩節裡見基督」(See Christ in Kwanzaa)的崇拜活動，其牧師還鼓勵會眾在這段期間，跟家人一起在家裡舉行特別的七夜匡薩燭光紀念儀式。其他很多非裔美人宗派現在也都開始蕭規曹隨起來。⑯

後現代西方的朝聖與靈療

雖然參加聖禮敬拜的人數正在下降，但是對聖禮的渴求卻並未消失於西方。例如，在歐洲，去神龕朝聖的人就在一路上揚。西元一九九二年，法國盧德(Lourdes)的神龕就曾創下五百五十萬人來訪的紀錄，顯示十多年裡朝聖客就足足增長了一百五十萬人。其他的朝聖目的地，像是西班牙的聖地牙哥的康旁斯提拉(Compostela)和葡萄牙的法提馬(Fatima)，也都有類似的增長。很多人都是為了當地傳出的醫治神蹟而來，但也有些人是單為了經歷神的同在而來，他們說因為在當地教會裡已經不再能有如此之感受了。

但是真正有趣的是，這些蜂擁而至的人潮並不都是天主教徒。很多新教徒也常混在這些天主教的朝聖客之中，參加在神龕前舉行的天主教崇拜儀式。雖然自改革時代以來，歐洲的新教就已禁止朝聖活動，但是很多新教徒還是從天主教的朝聖之旅裡，充分獲得了與神同在的滿足感。事實上，有些新教的教派(最明顯的就是英國國教)正在注意此事。從一五〇〇年代以來，聖湯瑪士・貝克特(St. Thomas a Becket，時為1170)的遺骸還是首次被放回了坎特伯里大教堂裡供人瞻仰。本來坎特伯里大教堂就是歐洲最受人歡迎的神龕所在地之一，在亨利八世大舉鎮壓這種朝聖活動之前，向來是吸引大批人潮來此朝聖的。雖然也有些英國國教中的教會人士覺得，重新安置這些遺骸會違反了當年宗教改

革的精神，但是教會當局卻聲稱他們只是在回應大眾強烈要求重建此一史上知名朝聖之旅的聲浪而已。⑰

　　由於美國大部分的歷史一直都以新教爲主，因此並沒有形成所謂的朝聖傳統。天主教會雖也曾資助過美國的一些朝聖神龕，聖母顯現的事件也愈傳愈多，但是這些地方似乎多數都仍未吸引出類似歐洲的那種神龕興趣，導致新教徒做出逾越教規之舉。不過，不管新教徒還是天主教徒，上教堂的還是不上教堂的，爲聖神同禱會的崇拜方式所吸引的人，似乎都愈來愈多。就某種意義來說，這種崇拜所帶給人的吸引，是聖禮性的：在應允透過聖靈直接經驗上帝的接觸。

　　事實上，有一間這樣的聖神同禱會教會，就已經實質性地發展成了朝聖之舉。西元一九九五年以來，有近兩年的時間，佛羅里達州朋沙科拉（Pensacola）的布朗斯維爾上帝聚會所（Brownsville Assembly of God），一晚就能吸引三至六千人。其中不乏老遠從澳洲、烏克蘭、日本和辛巴威等地而來的信徒，目的就爲了參加由一位名叫斯蒂夫·希爾（Steve Hill）的極具號召力的聖靈降臨傳道人所帶領的夜間崇拜。每天才到中午，就會有幾百人自動在這間教堂的前門前排隊等候，形成一條足能蜿蜒一條街之遙的人龍。爲什麼有人會甘願排上好幾小時的隊伍等著進教堂呢？因爲很多人深信，儘管這裡看起來無甚出奇之處，卻能在此遭遇聖靈。有一位朝聖客曾說，「這是上帝選定的一個所在，祂就在這裡。」而且確實每晚都會發生數幾百人在此痛哭、狂叫、不由自主的抽搐、在走廊上舞蹈，或是被聖靈擊倒的情況，好像也眞的印證了此言不虛。到西元一九九七年五月，據說已有近十萬零七千人在這間布朗斯維爾教堂裡經歷過上帝，使得這個所謂的「朋沙科拉聖靈澆灌」（Pensacola Outpouring）不但成爲

美國歷史上持續最久的正進行中的大復興，而且也是最為成功的一個。⑬

　　另一個能在後現代西方讓人的聖禮欲求得到滿足的方式，便是透過神靈醫治，這其中便包含了基督的醫治。有史以來，基督宗教向來十分相信聖靈能治人身心的軟弱和疾病。四福音書裡充滿了耶穌治人身心疾病的例子，而他這種為人治病的力量也一直是其神性的證明之一。事實上，醫治一直都是在基督教會裡一項極重要的功能。使徒保羅指出，有能力為人醫病的人是與那些能傳道、說預言，以及能言善道地位並列的。當時甚至有非基督徒也為求醫治而來教會尋求幫助的，而且有證據顯示，一些不屬任何教會的自由醫者曾雲遊希臘羅馬世界，宣稱可以單憑呼求耶穌之名來治人疾病。中世紀的天主教會還制定了透過為病者抹油的聖禮而行的聖靈醫治(亦稱臨終抹油禮)。隨著現代主義和醫學科學的興起，西方對聖靈醫治的信心也為之式微。雖然有些基督教派仍以聖靈醫治為其神學之基石(如基督科學派)，但是對大多數的基督徒而言，它在信仰中扮演的角色已愈來愈無足輕重。

　　但是到了二十世紀這最後幾十年裡，不論是基督教的或非基督教的神靈醫治形式，都又有了小小的復興。很多人在不耐傳統療法之餘，又轉而尋求「另類的」醫治，以紓解其心理與器官方面的疾病。甚至醫療機構也對靈醫的「輔助治療」效果，做了某種程度的重新評估。現在美國各地的癌症治療中心都把新時代運動的觸摸性治療、瑜珈以及針灸——甚至日本的茶道——之類的做法，納入在考量內。因此可以想見的，在這樣的環境中，明白尋求基督醫治的人當然也隨之增加了。為此，天主教會已經重新評估了臨終抹油禮的重要性。這種抹油禮雖然常被人稱為「最後的儀式」，但其實也是任何病重的人都可以尋求的一般性身體醫

治的聖禮。爲了配合這樣的目的，自第二次梵蒂岡大公會議以來，聖禮就一直只被簡稱爲病者的抹油。有好些教派也已經發展出了一些保健照護制度，設法把基督教的儀式與現代醫療保健制度整合爲一。不過靈醫治療所受到的接納性仍有限度。很多選擇完全以靈醫治療來爲其孩子治病的父母，都被控以疏忽之罪，若是孩子因此死亡，父母更要爲此判刑。有個明尼蘇達州的案子，陪審團曾判基督科學教會應支付一千四百萬美金，聲稱他們希望藉如此龐大的金額來向基督科學教會和其他相信靈醫治療的人「表明其意」(send a message)。⑲

結　論

　　西方對靈醫治療所持的模糊態度是個很好的例子，可以充分顯現出後現代冀望在現代和前現代之信仰與儀式間取得某種平衡的強烈意願。一方面，正如前述不利基督科學派人士的判決所示，西方已經對科學和理性主義有了很大的信心。但是另一方面，大多數西方人也覺悟到，單憑科學和理性主義也仍無法給我們所有的答案。這意味著某種程度的回歸基督宗教，只不過並不是回歸制度性的基督宗教。現在西方的信心是透過促成現代與前現代兩類元素的動態平衡來建構的，這一點是制度化教會因其史上有名的刻板正統觀念之堅持，而無法作到的。如此一來，便導致了我們稱爲後現代基督宗教的出現：以信仰爲一種高度私人性的事務，覺得有權創造並重新打造最合其屬靈需求之揉合現代與基督教的前現代化看法的混合體。

　　後現代基督宗教的另一標記，則是其開放的融合。正如我們在本書已經見到的，基督宗教的歷史大體可視爲一份融合史。但是今日有異於過往的是，很多西方的基督徒都公開追求融合主義

而無所愧疚。西方大多數的人都覺得，教會已經不再能對人類所有精神層面的問題提供適當的解答。這導致了許多人深信，有必要探索除了基督宗教以外其他途徑的可能。因此西方的基督徒開始展現出，對其他世界如裡印度教、佛教、伊斯蘭教之類宗教的強烈興趣。事實上，很多基督徒現在都不大同意基督宗教自己所稱的唯一性，很多人更坦白承認，他們認為所有的宗教都是平等的。事實上，面對現代主義的衝擊，到其他世界宗教裡去尋找其相似物，已經成為西方人尋求「證明」某些基督教的信仰和教義的一種方法。這些人相信，能被「轉譯」為其他傳承內信仰和象徵之物愈多，則這些基督教的信仰是為真的可能性也愈高。⑳

那麼西方基督宗教的前途究竟會如何呢？當然主流的基督教的機構都不太願意認可這種宗教的轉譯，或是後現代性所鼓勵的融合。它們也無法容忍後現代主義所要求的那種快速重估和恆久性混合和妥協。這會對西方制度性基督宗教造成永遠的虧損嗎？或許吧！因為基督宗教畢竟是一個活的傳承。終其歷史，它都一直不斷在幻化轉變，以因應新時代的挑戰。正如早期基督教徒根本無法預估中世紀或現代基督宗教所生之形象，我們現在也同樣無法精確預估，基督宗教將在後現代時代裡取得的最終形象。

註釋

①George Gallup, Jr.與 Sarah Jones，《美國宗教問答一百》(*100 Questions and answers*：*Religion in America*)(Prinston：Princeton Religion Research Center, 1989)：66, 176；Kenneth L. Woodward，＜幹線死路？最強大的新教正在流失其金錢、成員和意義＞("Dead End for the Mainline? The Mightiest Protestants Are Running Out Of Money, Members And Meaning")，《新聞周刊》(*Newsweek*)，August 9, 1993：46-8。

②Gallup and Jones，《問答一百》：4, 162, 170, 178；同時參見 Jeffrey L. Sheler，＜靈性美國。這個「屬神」的國度正爲了宗教在社會中的角色而深深陷入衝突中＞("Spiritual America. This Nation ′Under God′ Is Deeply Conflicted Over The Role Of Religion in Society")，《美國新聞與世界報導》(*U.S. News & World Report*)，April 4, 1994：48-59；George Gallup，Jr.與 Jim Castelli，《人民的宗教：美國人的90年代信仰》(*The People′s Religion*：*American Faith in the 90′s*)(New York：Macmillan Publishing Co., 1989)：47；James Patterson 與 Peter Kim，《美國說實話的那一天：什麼是大衆對每件眞正要緊的事的眞正想法》(*The Day America Told the Truth*：*What People Really Believe About Everything That Really Matters*)，(New York：Prentice Hall Press,1991)：201。

③Gallup 與 Castelli，《人民的宗教》：47-8；Patterson 和 Kim，《美國說實話的那一天》：201；Sheler，＜靈性美國＞，54；Kenneth L. Woodward，＜你的名字叫做萬聖節。但是就此而已。這些日子以來上帝這位天父可沒得到什麼尊重＞("Hallowed Be Thy Name. But That′s About All. These Days God The Father-Figure Just Doesn′t Get Any Respect")，《新聞周刊》(Newsweek)，June 17, 1996：75。

④Paul Gray，＜巴別塔的力量。新生命譯本上個月上市。另一本簡化聖經爭奪每年四億美金的市場。它們作成了些什麼？＞("The Power of Babel. The New Living Translation Hit Bookstores Last Month. Another Simplified Bible Vying In A ＄400 Million Yearly Market. What Hath They Wrought?")，《時

代周刊》（*Time*），September 9，1996：56-9；Pamela H. Long，＜聖經協會放棄聖經之「準確性別」版本＞（"Bible Society Scraps 'Gender-Accurate' Version of Scripture"），《宗教新聞服務社》（*Religion News Service*），May 31，1997。

⑤女性主義的神學著述廣泛而多樣，但是最能為其影響和多樣性做良好簡介的，便是 Catherine M. LaCugna，《解放神學：女性主義展望中之神學基本要素》（*Freeing Theology: The Essentials of Theology in Feminist Perspective*）（San Francisco：HarperSanFrancisco，1994）。

⑥Thomas Hargroveg 與 Guido H. Stempel III，＜信心有許多跟隨者＞（"Faith Has Many Followers"），《伯明罕(阿拉巴馬州)前鋒郵報》（*Birmingham*（*Alabama*）Post Herald），December 24，1996；＜法國宗教信仰之民調＞（"Poll of French Religious Beliefs"），《國家與國際宗教報導》（*National and International Religion Report*），May 30，1994 http：//www.goshen.net/NIRR/；Elizabeth Han Hastings 和 Philip K. Hastings 編輯之《國際公眾意見索引》（*Index To International Public Opinion 1980-1981*）（Westport，CT：Greenwood Press，1982）：380；Gallup 與 Jones，《美國宗教問答一百》：6。

⑦＜就歐洲和美國信仰與儀式作法所進行之蓋洛普民意測驗＞（"Gallup Poll on European and American Beliefs and Practices"），《國家與國際宗教報導》（*National and International Religion Report*），February 8，1993；Patterson and Kim，《美國說實話的那一天》：204。

⑧David Van Biema，＜天堂存在嗎？過去往生是實際可觸的。但是現在美國的宗教幾乎像是會對想像它的存在過敏似的。天堂已經失落了嗎？＞（"Does Heaven Exist? It Used To Be That The Hereafter Was Virtually Palpable. But American Religion Now Seems Almost Allergic To Imagining It. Is Paradise Lost?"）《時代雜誌》，March 24，1997：70-9。

⑨Patterson 和 Kim，《美國說實話的那一天》：203；Kenneth L. Woodward，＜到底罪是發生了什麼事？＞（"What Ever Happened To Sin?"），《新聞周刊》，February 6，1995：23。

⑩Gallup 和 Castelli,《人民的宗教》：75；Kenneth L. Woodward,＜天使。看！美國找尋靈性意義的最新追尋具有光環效果＞("Angels. Hark! America's Latest Search For Spiritual Meaning Has A Halo Effect"),《新聞周刊》,December 27, 1993：63-8。

⑪Gallup 與 Jones,《美國宗教問答一百》：24-25；Kenneth L. Woodward,＜我們需要撒旦嗎？邪惡是活的。但是我們的文化已經喪失了解釋它的能力。重新思考魔鬼的領域＞("Do We Need Satan? Evil Is Alive. But Our Culture Has Lost The Power To Explain It. Rethinking The Devil's Realm."),《新聞周刊》,November 13, 1995：63-8。

⑫Patterson 與 Kim,《美國說實話的那一天》：25, 200；＜就歐洲和美國信仰與儀式作法所進行之蓋洛普民意測驗＞,《國家與國際宗教報導》,February 8, 1993；Woodward,＜到底原罪是發生了什麼事？＞("What Ever Happened To Sin?")：23。

⑬Wade Clark Roof,《追尋的一代：嬰兒潮這一代的靈性之旅》(*A Generation of Seekers: The Spiritual Journeys of the Baby Boom Generaion*)(San Francisco: HarperSanFrancisco, 1994)：199；Kenneth L. Woodward,＜與神談話＞("Talking to God"),《新聞周刊》,January 6, 1992：39-44。

⑭＜泰澤＞("Taize"),《國家與國際宗教報導》,November 13 & 27, 1995。

⑮Jeffrey L. Sheler,＜找尋聖誕節＞("In Search of Christmas"),《美國新聞與世界報導》,December 23, 1996：56-64；Gallup 與 Castelli,《人民的宗教》：30-3；＜聖經文盲＞("Biblical Illiteracy"),《國家與國際宗教報導》,October 17, 1994；＜聖誕節不准賣酒的禁令＞("Ban on Christmas Alcohol Sales"),《國家與國際宗教報導》,October 30, 1995；＜受難節禁令＞("Good Friday Ban"),《國家與國際宗教報導》,June 13, 1994。

⑯＜匡薩＞("Kwanzaa"),《國家與國際宗教報導》,January 10, 1994。

⑰Ruth Gledhill,＜湯瑪士‧貝克遺骸回到犯罪現場＞("Thomas a Becket Relics Return to the Scene of the Crime"),《時代雜誌》,March 29, 1997：11；Marlise Simons,＜朝聖客擠滿歐洲天主教的神龕地＞("Pilgrims Crowding

Europe's Catholic Shrines"），《紐約時報》，October 12, 1993：A1。

⑱Rick Bragg，＜一年的長期復興吸引來了大眾＞（"A Year's Long Revival Draws the Multitudes"），《紐約時報》，May 27, 1997：A1。

⑲Doug Podolsky，＜醫治之手的新時代。癌症治療中心接納另類療法為補充性治療＞（"A New Age of Healing Hands. Cancer Centers Embrace Alternative Therapies As Complementary Care"），《美國新聞與世界報導》，February 5, 1996：71-2；Thomas Johnson，＜基督教科學會的醫治與良心＞（"Healing and Conscience in Christian Science"），《基督世紀》，June 29-July 6, 1994：640-1。

⑳這種朝向融合主義的趨勢在以下兩本書裡有豐富的討論： Roof，《追尋的一代》（*A Generation of Seekers*），以及 Wade Clark Roof，Jackson W. Carroll，David A. Roozen 編輯之《戰後這一代和國教宗教：跨文化的展望》（*The Post-War Generation and Establishment Religion： Cross-Cultural Perspectives*）（Boulder, CD：Westview Press, 1995）。

小詞典

Agape 愛宴　一種早期基督徒常行的集體用餐，以此爲聖餐儀式的一部分。

Apocalypticism　末世觀　相信世界已逼近終結之期；在基督宗教裡這種信念是配合耶穌第二次再來的期待一起的(參見千禧年主義)。

Apologists, apology　護教家，護教　基督教的護教家是古代的一群神學家，他們想以希臘哲學的主張來解釋基督教的信息。

Apostle　使徒　按特定用法，「使徒」指的是耶穌當年的追隨者之一，他們是選召來傳福音的；在一般用法上，它則是指任何一個從事基督教的宣教工作的人。

Atonement　救贖　上帝與人類的和好。

Baptism　洗禮　洗禮是基督徒的入教儀式，一個人能藉著與水的接觸而在靈裡得到潔淨。這種做法爲基督徒採行，是因爲福音書裡描述，耶穌曾在約且河裡接受約翰的洗禮。

Bishop　主教　在羅馬天主教、東正教、英國國教和其他聖公會教會裡，主教是高層的官員，要負責一個教區。

Canon　聖典　一套固定的文獻，據信是在上帝啓示下所寫成。

Catechumens　慕道友　在早期教會裡，慕道友是指爲進入教會而在接受訓練的一些人。這些慕道友因爲尚未受洗，所以只能參加彌撒禮拜中的前一部分，聖餐之前便須先行離去。

Confirmation　堅振禮　在羅馬天主教和東正教裡，該聖禮是由主教主持，經過這個儀式，已受洗的人便能被接納爲具有完全會友身分的成員。該儀式包括了按手和以油膏抹。在東正教裡，堅振禮是在受過嬰兒洗禮後隨即舉行的，而羅馬天主教則是在孩子懂事之後方才行之。

Covenant　聖約　上帝與猶太人之間所立的一份約定，猶太人經此約定而得上帝應許，只要他們忠誠不變，便能爲上帝所祝福。基督徒相信，因

為耶穌所做犧牲之故，他們已經在此一約定上成為既猶太人之後的
繼承人。

Creed　信經　一套教義性的陳述，以此綜合出基督徒的信仰，並界定為正統的
規範。

Crusade　十字軍　字意上它是指「為十字架所做的征戰」，十字軍戰爭是為教
宗所認可的軍事探險任務。

Deacon　執事　早期教會中的一種職務，負責在彌撒過程中輔助神父，教導慕
道友，並管理慈善工作。

Denominationalism　教派主義　把基督教傳承分成好些自主組織的狀況。

Ecumenicism　普世基督教會團結運動　一項正在進行的運動，鼓勵基督教各教
會進行全球性的再聯合和合作。

Eucharist　聖餐　以奉獻過的麵包和酒來進行的聖禮，藉此重建耶穌和門徒在
他上十字架之前用其最後一餐的光景。

Evangelical Protestantism　福音派新教主義　十八世紀新教裡發展的一種廣泛
的運動，強調民主的講道風格、千禧年主義和敬虔
主義。

Excommunicate　逐出教會　逐出於教會會友身分之外。

Extreme Unction　臨終抹油禮　（也稱為最後禮儀或是病患聖禮）羅馬天主教裡
期望能幫助病人得到醫治，或是減輕病人或臨終者死亡痛苦
的聖禮。

Fundamentalism　基要真理派　基要真理派其實並不是單一的一個宗派，而是
一套超越教派疆界的信仰和態度。主張基要真理的人強調五
大要點：(1)聖經的全然無誤性；(2)耶穌由童女所生；(3)救贖
僅限於被揀選者；(4)耶穌肉身復活；以及(5)耶穌還要實質的
第二次再來。

Gnosticism　諾斯底主義　古代的一種基督教形式。諾斯底信徒相信耶穌帶來了
祕密的得救必要知識(gnosis)。這種知識裡有部分在指出，在物質
(為惡)與精神(為善)之間是有清楚的分野的。

Gospels　福音書　福音意即「好消息」，福音書是有關耶穌生平和其所傳信息的叙述。

Grace　恩寵　在基督神學裡，上帝的愛和幫助是平白給予基督徒的，若非有它，得救就不可能。

Hebrew Bible　希伯來聖經　猶太人的聖經(也就是基督徒所稱的舊約)。

Heresy　異端　偏離正統教導的教義和信仰。

Higher Criticism of the Bible　聖經之高等批判　讓聖經接受與其他歷史文件所接受之相同科學分析，而企圖使其中之神話和事實有所區隔的一種學術運動。

Holy Spirit　聖靈　三位一體神中的第三位，常常被認為是上帝在教會中的引導性同在。

Icons　聖像　在東正教裡，一些耶穌和聖母、天使、聖徒和殉道者的特別畫像，常被認為是具有代求和保護性的特別能力。

Indulgences　赦罪　在羅馬天主教神學裡，赦罪可以確保那些參加額外祈禱的人，將來得減免其於煉獄停留之時間，而使他們提前進入天國。

Inquisition　宗教裁判所　天主教在中世紀裡所建立的一種為了根除異端而設的教會法庭。

Justificetion　釋罪　在基督神學裡，指人的意志與上帝的意志和好，因此而得到拯救。

Kingdom of God　上帝的國度　上帝在地上的統治，基督徒相信如今這仍表現在教會之中，但是到了末日將終時，便成為普世性的。

Liberation Thedogy　解放神學　羅馬天主教裡一種二十世紀的神學運動。據解放神學的看法，罪不但是個人失敗的結果，也是社會不平等的產物。因此，天主教徒有義務為社會公義奮鬥，正如他們有義務對抗個人之罪。

Liturgy　禮拜儀式　基督教會裡公眾崇拜的形式和內容。

Mainstream Christianity　主流基督宗教　一個國家或地區之內大部分的人所信奉的一個或多個宗派。

Marriage　婚禮　基督教會將男女關係獻為神聖的一項聖禮。

Martyr　殉道者　為信仰而死的基督徒。

Mass　彌撒　每週舉行的基督徒儀式，其間會有聖餐的紀念。

Messiah　彌賽亞　彌賽亞是由大衛一系所出的未來君王，猶太人相信他終將出
　　　　　現以復興以色列。基督徒則相信，耶穌就是彌賽亞，而基督這個頭銜
　　　　　就是希臘文裡受膏者之意。

Millennialism　千禧年主義　基督徒相信，最後審判之前，會有耶穌第二次的來
　　　　　到地上，並建立為時千年的和平和繁榮國度——千禧年。

Modernists　現代主義者　基督徒因著科學的成果，提供對基督信仰新的和令人
　　　　　興奮的方式。

Modernity　現代性　現代性代表了人類歷史上一種奇特的新世界觀。它強調懷
　　　　　疑主義和嚴格的思考，以及對社會與智識性改變的一種正面肯定態
　　　　　度。現代主義也傾向於淡化上帝超越性的重要，並且堅持個人應在
　　　　　塑造其未來上扮演至高的角色。

Monastery　修道院　修士或修女根據修道規定而生活的一個居住所在。

Monasticism, Monk　修院制度，修士　修士是一些想藉著由社會和感官世界抽
　　　　　離，追求一種沉思默想的有序生活，以過更純淨基督徒生
　　　　　活的人，而這樣的想法便是修道主義。

Mysticism　神祕主義　把個人帶往與上帝直接接觸之境的作法。

Ordination　按立　一種使個人被接納為具神父身分或神職地位的儀式。

orthodoxy　正統　為主要教會界定為正確的信仰。

orthopraxy　正確作法　為主要教會界定為正確的儀式。

Passover　逾越節　猶太教裡，為紀念古代希伯來人逃離埃及奴役而進行的一
　　　　　年一度慶祝。

Patriarch　總主教　摩西之前時代的部落領袖；它也同時指東正教國家教會領
　　　　　袖。

Pentecostalism　聖神同禱會　聖神同禱會是二十世紀初起源美國的一種新教內
　　　　　的宗教運動。它強調敬拜中自發性的參與，以及與聖靈直接接

觸的經驗。

Pietism　**敬虔運動**　新教裡尋求將該傳承裡非理性和經驗性的成分，置於全然超於理性化教義成分之上的一種運動。

Postmodernity　**後現代主義**　西方歷史上當前的這個時期，其特色爲混合了前現代(premodern)和現代二者的世界觀。

Predestination　**預定論**　基督神學裡，相信上帝從創始之初，即已預定一個人的得救或滅亡的看法。

Presbyter　**教長**　早期教會裡，教長爲一群協助主教（監督）的年高德邵之士。

Priest　**神父(牧師)**　在羅馬天主教、東正教、英國國教和其他聖公會教會裡，神父是負責一個教區的中級神職人員。

Prophet　**先知**　藉著宣稱爲上帝代言人而使其改革目標合法化的一群宗教改革者。

Protestants　**新教**　因爲宗教改革而生的那些宗派。

Purgatory　**煉獄**　在羅馬天主教的神學裡，這是死者接受苦難以潔淨其世上所犯之罪的所在，是爲得進天國所做之事前預備。

Relics　**遺骸**　與基督教殉道者和聖徒有關之地上遺體和其他物件；這些東西被視爲具有極豐富之靈力。

Resurrection　**復活**　死後身體又重新得到生命活力。

Revivalism　**奮興主義**　大規模的宗教熱情運動，有時候會持續好幾個月或幾年。

Sacrament　**大復興聖禮**　一種可以導致與上帝恩典直接接觸的身體行爲。

Saints　**聖徒**　指羅馬天主教和東正教神學裡的一些死後值得尊敬的特殊基督徒，他們可以爲地上的信徒代求。

Salvation　**得救**　得到永生。

Scholasticism　**士林哲學**　一種中世紀知識分子的運動，發展於十二世紀的歐洲大學之中。士林哲學的特色，在於積極使用邏輯來調和理性與信心，並察知二者之限制所在。

Syncretism　**融合**　把出自兩個獨特宗教傳承裡的成分，作成有意識或潛意識的混合。

Trinity　**三位一體**　把神格界定為介於上帝、耶穌和聖靈之間的一種身分。

聖日與節慶

節期——日子

將臨期(聖誕節前四個主日)：爲紀念耶穌的誕生而做預備的時期，也在期待耶穌第二次的降臨。

耶誕節(十二月廿五日)：紀念耶穌的誕生。

主顯節(聖誕節後十二天)。

> **主顯節**(一月六日)：紀念博士的來到和耶穌的受洗
>
> **肥美星期二**(聖灰星期三的前一日)：爲了預備封齋期間所須的禁食而舉行的非正式狂歡節。

四旬齋期(復活節前的四十天禁食)：紀念耶穌在曠野裡的四十天禁食禱告，並爲受難週做預備。

受難週與復活節期

> **棕枝主日**(復活節主日的前一週)：紀念耶穌當年得勝的進入耶路撒冷，也代表封齋期的結束與受難週的開始。
>
> **濯足節**(復活節主日前的星期四)：紀念最後的晚餐。
>
> **受難日**(復活節主日前的星期五)：紀念耶穌在十字架上的死亡。
>
> **復活節**(猶太逾越節後的第一個星期日)：紀念耶穌從由死裡復活。
>
> **升天節**(復活節主日之後的四十天)：紀念耶穌的升天。
>
> **五旬節**(復活節主日後的五十天)：紀念聖靈在耶路撒冷的第一間教會裡降臨。

聖徒日

在羅馬天主教和東正教的儀式年裡，直到將臨期開始前的一年內其餘時間，是用於紀念許多個別聖徒的一生事蹟。

發音指南

　　以下是已盡量簡化的發音指南，說明一般所接納的正確發音。音節以空格分開，而重音部分則以斜體字印刷。除下表列有明解釋的這些以外，其餘字母均以一般英語方式發音。

a	fl*a*t	o	n*o*t
ă	*a*bout (unaccented vowel)	oo	f*oo*d
ah	f*a*ther	ow	no*w*
aw	s*aw*	yoo	*you*
ay	p*ay*	u	b*u*t
ai	th*e*re	er, ir, or, ur	f*er*n, f*ir*, f*or*, f*ur*
ee	s*ee*	j	*j*et
e	l*e*t	ng	si*ng*
ī	hi*gh* ī	y	*y*es
i	p*i*ty	izm	triba*lism*
ō	n*oō*		

Agape: ah *gah* pay
Aggiornamento: a jee ōr nah *men* tō
Aladura: a lă *doo* ră
apocalypticism: ă pah că *lip* ti sizm
Apostle: ă *pah* sl
atonement: ă *tōn* ment
canon: *ka* năn
Catechumens: kat ă *tyoo* menz
Christos: *kris* tōs
covenant: *ku* vă nănt
Cyrillic: să *ril* ik
deacon: *dee* căn
Diaspora: dī *asp* ă ră
diocese: *dī* ō seez
ecumenicism: ek yoo *men* is izm
Epiphany: ee *pif* ă nee
Eucharist: *yoo* kă rist
excommunication: eks kă myoo ni
　　　cay shăn
friars: *frī* arz
Gaiwiio: *gī* wee ō
Gnosticism: *nahs* tăs izm
gothic: *gah* thik
Inquisition: in kwă *zi* shăn
Jamaa: jah *mah*

Kwanzaa: *kwahn* zah
liturgy: *li* tur jee
martyr: *mahr* ter
messiah: mi *sī* ă
millennialism: mă *len* ee ăl izm
monasticism: mō *nas* tăs izm
mysticism: *mis* tăs izm
Patriarch: *pay* tree ark
Pentecostalism: pen tă *kaws* tăl izm
Peyote: pay ō tee
Pharisees: *fair* i seez
pietism: *pī* ăt izm
Presbyter: *pres* bi ter
purgatory: *pur* gă tō ree
resurrection: rez ur *ek* shăn
Sadducees: *sad* yoo seez
schism: *si* zăm
scholasticism: skō *las* tik izm
synagogue: *sin* ah gog
syncretism: *sing* krăt izm
Tepeyac: *tep* ee yak
Tonantzin: *ton* ănt zin
Trinity: *trin* i tee
Yahweh: *yah* way

參考書目

The following is a list of books for those readers wishing to learn more about specific topics covered in this volume. Books on this list are generally available in most college and public libraries.

ROSALIND and CHRISTOPHER BROOKE, *Popular Religion in the Middle Ages: Western Europe 1000–1300* (London: Thames and Hudson, 1984)
An entertaining survey of popular religion in the Western Middle Ages; written for a general audience.

PETER BROWN, *The Cult of the Saints: Its Rise and Function in Latin Christianity* (Chicago: University of Chicago Press, 1981)
A fascinating reexamination of the development of the cult of saints in Late Antiquity.

OWEN CHADWICK, *The Early Church* (London: Penguin Books, 1978)
A wide-ranging treatment of the rise of the early church; first volume in the Pelican History of the Church series, all of which are excellent reading for nonspecialists.

—, *The Reformation* (London: Penguin Books, 1982)
A detailed yet accessible overview of the Reformation; especially interesting for its last chapter, a discussion of the changes in the ministry and worship wrought by the Reformation; third volume in the Pelican History of the Church series.

GERALD R. CRAGG, *The Church and the Age of Reason 1648–1789* (London: Penguin Books, 1983)
A good treatment of the clash between modernity and Christianity in the West; fourth volume in the Pelican History of the Church series.

JOHN DOMINIC CROSSAN, *The Historical Jesus: The Life of a Mediterranean Peasant* (San Francisco: HarperSanFrancisco, 1992)
A provocative synthesis of contemporary scholarship on the origins of Christianity; excellent for the interested nonspecialist.

ENRIQUE DUSSEL (ed.), *The Church in Latin America, 1492–1992* (Maryknoll, NY: Orbis Books, 1992)
A highly scholarly collection of essays dealing with the Roman Catholic Church in Latin America.

PAULA FRIEDRIKSEN, *From Jesus to Christ: The Origins of the New Testament Images of Jesus* (New Haven: Yale University Press, 1988)
An excellent and thought-provoking introduction to contemporary Higher Criticism of the New Testament.

JUDITH HERRIN, *The Formation of Christendom* (Princeton, NJ: Princeton University Press, 1987)
A highly detailed and scholarly account of the oft-forgotten centuries between

the fall of the Roman Empire and the beginning of the High Middle Ages.

ELIZABETH ISICHEI, *A History of Christianity in Africa: From Antiquity to the Present* (Grand Rapids, MI: Eerdmans, 1995)
    Perhaps the most complete and readable survey of African Christianity available today.

HELMUT KOESTER, *History and Literature of Early Christianity*, 2 vols. (New York: Walter de Grayten, 1987)
    A fascinating exploration of the cultural world of the Ancient Mediterranean during the time of the early Christian Church.

K. S. LATOURETTE, *A History of the Expansion of Christianity*, 7 vols. (Exeter: Paternoster Press, 1971)
    A magisterial survey of Christian missions from the first to the twentieth century; an excellent reference source for information on Christian missions in the non-Western world.

CHARLES H. LIPPY, *Being Religious American Style: A History of Popular Religiosity in the United States* (Westport, CT: Greenwood Press, 1994)
    A fascinating discussion of the importance of popular religion in the cultural development of the United States.

JOHN MCMANNERS (ed.), *The Oxford Illustrated History of Christianity* (Oxford: Oxford University Press, 1992)
    An excellently illustrated overview of the history of Christianity, notable for its separate chapters devoted to non-Western Christianities.

STEPHEN NEIL, *A History of Christian Missions* (London: Penguin Books, 1982)
    A short but complete survey of Christian missions; volume six in the Pelican History of the Church series.

MARK A. NOLL, *A History of Christianity in the United States and Canada* (Grand Rapids, MI: Eerdmans, 1992)
    An accessible and lively account, notable for its evenhanded treatment of both mainstream and alternative forms of Christianity in North America.

STEVEN OZMENT, *The Age of Reform 1250–1550: An Intellectual and Religious History of Late Medieval and Reformation Europe* (New Haven: Yale University Press, 1980)
    A good intellectual history of the transitional period between the late Middle Ages and the Reformation.

WADE CLARK ROOF, *A Generation of Seekers: The Spiritual Journeys of the Baby Boom Generation* (San Francisco: HarperSan Francisco, 1994)
    An enlightening look at the religious beliefs and practices of Americans born during the post-World War II "Baby Boom"; written for a general audience.

R. W. SOUTHERN, *Western Society and the Church in the Middle Ages* (London: Penguin Books, 1981)
    A thorough one-volume treatment of Medieval Christianity; second volume in the Pelican History of the Church series.

TIMOTHY WARE, *The Orthodox Church* (London: Penguin, 1973)
    Still the most readable and complete one-volume overview of Eastern Orthodoxy for the nonspecialist.

中文索引

英文索引

宗教的世界4

基督宗教的世界
Christianity

作者	布萊恩·威爾森（Brian Wilson）
譯者	傅湘雯
主編	王思迅
責任編輯	張海靜　潘永興　王文娟
封面設計	徐璽
電腦排版	冠典企業有限公司
發行人	郭重興
出版	貓頭鷹出版社股份有限公司
合作出版	世界宗教博物館發展基會
發行	城邦文化事業股份有限公司
	台北市信義路二段213號11樓
	電話：（02）2396-5698
	傳真：（02）2357-0954
郵撥帳號	1896600-4　城邦文化事業股份有限公司
香港發行	城邦（香港）出版集團
	電話：（852）2508-6231
	傳真：（852）2578-9337
新馬發行	城邦（新馬）出版集團
	電話：（603）2060-833
	傳真：（603）2060-633
印刷	成陽印刷股份有限公司
登記證	行政院新聞局局版北市業字第1727號
初版	1999年12月
定價	180元

ISBN 957-0337-35-4（平裝）

國家圖書館出版品預行編目資料

基督宗教的世界／布萊恩·威爾森（Briaa
　Wilson）著：傅湘雯譯　　初版　　臺北市
　：貓頭鷹出版：城邦文化發行，1999，民88
　　　面；　　　公分·--（宗教的世界：4）
　參考書目：面
　含索引
　譯自：Christianty
　ISBN 957-0337-35-4　（平裝）

　　1.基督教

240　　　　　　　　　　　　　　　　88016740